趙尺子著

趙尺子先生全集

第七冊　俄國的侵略戰術

文史哲出版社印行

國家圖書館出版品預行編目資料

趙尺子先生全集 第七冊：俄國的侵略戰術
/ 趙尺子著. -- 初版 -- 臺北市：文史
哲, 民 108.06
頁;　公分
ISBN 978-986-314-473-1（平裝）

1. 論叢

078　　108008747

趙尺子先生全集 第七冊
俄國的侵略戰術

著　者：趙　尺　子
出 版 者：文 史 哲 出 版 社
http:// www.lapen.com.tw
e-mail：lapen@ms74.hinet.net
登記證字號：行政院新聞局版臺業字五三三七號
發 行 人：彭　正　雄
發 行 所：文 史 哲 出 版 社
印 刷 者：文 史 哲 出 版 社
臺北市羅斯福路一段七十二巷四號
郵政劃撥帳號：一六一八〇一七五
電話886-2-23511028 ・ 傳真886-2-23965656

九冊 定價新臺幣三〇〇〇元

民 國 一 〇 八 年 （ 2019 ） 六 月 初 版

ISBN 978-986-314-473-1　　08982

趙尺子先生全集　總目

趙尺子先生著

俄國的侵略戰術

任卓宣

俄國的侵畧戰術

趙尺子

一　史太林戰術的傳授

一　第五縱隊名稱的由來

三十八年四月二十七日，總統發表「告全國同胞書」，說：

「中共是國際第五縱隊」！

並在同一文告中昭示我們說：

「剿滅共產國際的第五縱隊——共匪，策進中華民族的復興」！

同年十月九日，總統又發表「爲俄國導演北平傀儡組織告全國同胞書」，說：

「中共爲莫斯科共產國際的間諜，不是中國國內的政黨」。

按第五縱隊一詞，日文稱爲「第五列」或「第五部隊」。一九三九年西班牙佛朗哥反攻首都馬德里，他的一位將軍名毛拉者於合適時廣播稱：「現在本軍到達馬德里城門者已有四個縱隊；第五縱隊也正在城中內應，馬德里即可陷落」。佛朗哥攻克馬德里後，第五縱隊遂名聞遐邇。其實在這時以前，希特勒已在奧地利組織塞斯英托特的納粹黨，作爲內應，併吞了奧地利，在捷克組織漢倫的納粹黨，侵略了捷克；在這時以後的一九四〇年，他又組織挪威吉士林的納粹黨，攻佔挪威：都是應用了第五縱隊戰術。第五縱隊的鼎鼎大名，也隨着希特勒成爲談虎變色的怪物。它一名爲「吉士林主義」，就是起源於挪威之役。據說：佛朗哥編組第五縱隊——西班牙保皇黨，是向希特勒學習來的；而希特勒編組第五縱隊——納粹黨，據亨利（E.HENRI）在「希特勒征服歐洲的計劃」一書（一九三六年，美國西門書店出版）上說，是向史太林學習來的。依他的考證，希特勒在歐洲各國，表面上是組織納粹黨，實際上就是組織第五縱隊，由納粹黨分別奪取各自本國的政權，然後希特勒予以合併，正是史太林的戰術。史太林便會在各國組織「共產黨」，由「共產黨」分別奪取各國的政權，然後史太林予以合併。佛朗哥的「保皇黨」和希特勒的「納粹黨」，現在都被公認爲第五縱隊了，所以史太林在各國所編組的「共產黨」經　總統名爲第五縱隊，確是合乎邏輯的。不過，史太林過去是以「第三國際」名義來指揮在各國的「共產黨」，同時日本也以「協和會」的名義，編組溥儀第五縱隊，以「新民會」的名義，編組王克敏第五縱隊等，爲了與其他帝國主義有別，史太林在各國所編組的「共產黨」應稱爲「第三縱隊」（「第三國際」的隱體戰縱隊）。

二　古典式的第五縱隊之演進

我們考據戰史，第五縱隊最古典的型式，起源於四千年前我國的北方。那時有一個氏族稱爲有窮氏，她的首領名叫羿，首先發明了這一套戰術。這段史實是：當時有窮的酋長羿爲了侵略夏朝，在夏太康十一年，利用太康和仲康爭國，夏國內義族與和族的爭取「獨立」，和一般人民對昏暴的太康不平不滿，便組織了一個團體起來暴動，逐走太康，羿把仲康扶上寶座，立在仲康的背後，玩弄着傀儡劇。這正和現在的毛逆澤東統治着僞「中華人民共和國」，而前由史太林現由布加寧控制着毛澤東，及過去溥儀統治着僞「滿洲國」，而日本軍閥控制着溥儀，是同一的型式。到了公元前一一二二年，周族大規模地應用第五縱隊戰術，先是利用「內間」，瓦解了殷紂王的八百個諸侯，然後策反了紂王的十萬官兵，發生「不期而會」和「前途倒戈」的慘劇，達成誅紂滅殷的目的；其後更利用紂子祿父，組織僞「邶」，利用紂兄微啓，組織僞「宋」，充任周族的傀儡，代替周族間接統治殷族：這便是古典的「鐵幕」了。周朝從春秋到戰國，第五縱隊戰五光十彩，令人目眩，共有三十餘件，都詳細記載在左傳、國語、國策和司馬遷的史記上。至於戰術方面，有孫武的十三篇，和左傳上的仲孫湫、公子縶等人的言論。漢朝直到元朝（蒙古帝國）都在應用這套戰術。元朝滅金滅宋，是利用這套戰術；隨着蒙古諸汗的西征，特別是十三世紀的拔都將軍的西征，在今日蘇俄的南部建立欽察汗國，定都窩瓦河下流的拔都薩萊，統治俄羅斯凡二百餘年。欽察汗國歷代諸汗完全利用第五縱隊戰術，對付俄羅斯的諸侯。一九四四年，莫斯科外國文書籍出版局出版「俄羅斯歷代名將概論」一書，其中第三十四至三十五頁，對於蒙古諸汗的第五縱隊戰術，簡明地揭載着：「汗國國王為保持其對於俄羅斯諸侯的統治權起見，極力助長各封建諸侯間的惡感，挑助他們彼此進行封建割據的戰爭。按馬克斯一針見血的評語來說，欽察汗國的傳統政策，就是『利用俄羅斯這一諸侯，來約束另一諸侯：慫恿他們彼此紛爭，使他們勢均力敵，相持不下，而不讓其中任何一人強盛起來』……」。

三　蘇俄第五縱隊向誰學習的？

現在我們來研究史太林編組第五縱隊究竟是向誰學習得來？換句話說：就是赤色第五縱隊（或「第三縱隊」）的祖師是誰？據我們的考證，赤色第五縱隊戰術，是由蒙古的拔都將軍傳入俄國，而被帝俄學習且已應用了七百年，到史太林又與摩西的第五縱隊戰術合併應用在侵略世界的戰爭上。

由於欽察蒙古實施二百餘年第五縱隊戰術教育，不單獨教會了俄羅斯人——奠定了斯拉夫兵學的基礎，也教會了瑞典人和波蘭人。一六〇四年秋，波蘭組織了季米特里，冒充俄皇伊凡第四的太子，竊據莫斯科，僭號稱王凡十一個月。在這一事件中，波蘭應用了學習得很好的第五縱隊戰術，確和今天的蘇俄可以先後比美，也載在「俄羅斯歷代名將概論」五十三頁至五十七頁，可以參證。這部書正是蘇俄今天大肆宣傳並教育她的第五縱隊的課本。

在波蘭學會應用這一戰術以侵略俄羅斯的一個半世紀以後——一七六三年，俄羅斯女皇便開始抄襲欽察諸汗傳授下來的第五縱隊戰術侵略波蘭。據梁啓超先生所著「波蘭滅亡記」的記載：「俄命其斯臨爲駐波公使，大出金幣以賂波人，於是波廷諸臣皆有倚俄之心，甚至欲爲俄民者過半。是年十月波王卒，俄遂以兵威立所愛爲波王，……廷臣皆俄所命。俄以波百姓尚多團結，陰以賂結其豪，使各相攜貳。波廷懲兵亂之事，下令凡士民聚會講政論學者皆禁之。一千七百七十二年，俄與布共立條約，分割波蘭……強波王上書，割地求和。九十三年，俄兵八萬壓波境，波弁哥斯基烏鎖起義拒俄，不克，遁。九十五年，俄與布瓜分波蘭地，迫令波王遜位……波蘭遂亡」。我們把梁先生記述的史實，和今天俄帝所應用的第五縱隊戰術對比來看，誰能說這位加特林第二女皇，不就是等於史太林和布加寧？當年統兵滅波榮任總督的蘇渥洛夫元帥的巨大畫像，懸在今天克里姆林宮的寶座上，他的名著「致勝科學」上正寫着「博得波蘭人民普遍同情」，即博得波奸——第五縱隊普遍同情的戰術。

亡了國的波蘭，其後隨伴着拿破崙的稱雄歐洲，攻佔莫斯科，由華沙侯光復舊物，但也隨伴着拿破崙的潰敗，俄國的捲土重來，而重行陷入俄皇亞力山大的掌握。如果說加特林女皇是拔都將軍的門徒，那麼亞力山大便是拔都的徒孫。她倆學會第五縱隊戰術，在歐洲推行了一個世紀。梁啓超先生於五十多年前的辛丑年寫成「滅國新法論」，記述俄國應用第五縱隊亡波的戰術，指爲「滅國新法」，載在飲冰室文集。今天讀來，更有時代的意義。同時俄國諸沙並不止於在歐洲推行這個戰術，他們從一六八九年尼布楚條約以後，便逐步到我國來使用。一八六四年至一八六七年，帝俄在我國的新疆組織回教徒的第五縱隊，以阿古柏帕夏爲傀儡，建立僞「回教王國」，掩護俄兵久据伊犂流域，割據我國藩屬浩罕等部。這個僞國家，後被左宗棠將軍討平。民國元年，俄皇又把他祖先從蒙古人學習去的第五縱隊戰術，用來侵略我蒙古，「冊立」哲布尊丹巴活佛爲「共戴皇帝」，吞併了外蒙古和烏梁海。

四　史太林式的第五縱隊戰術

列寧推倒帝俄的初期，曾堂堂皇皇宣言扶植弱小民族。但他這「革命」的幌子，祇是改變了其組織形式，而其實質則毫無變異，且反比沙皇時代來得更厲害更殘酷。單就對我國來講，一九二一年，俄帝便扶植外蒙的蘇克拔都，建立「外蒙古蘇維埃共和國」和「烏梁海蘇維埃共和國」兩支第五縱隊；同時又扶植陳獨秀、毛澤東組織「中國共產黨」，至一九三一年建立僞「中華蘇維埃共和國」於江西瑞金，一九四九年，這個僞「中華蘇維埃共和國」改名僞「中華人民共和國」，在北平粉墨登場。這正和帝俄一樣，是第五縱隊戰術的古版新翻，借屍還魂。史太林青出於藍，他在我國所編組的毛澤東這一支第五縱隊，在戰術上更邁進了一步，事實上使大陸中國變成蘇俄的「聯邦」了。

史太林式的第五縱隊戰術，概括來說，有六個步驟：第一步、是組織被侵略國國內的「鄉人」和「官人」，成爲蘇俄的間諜——「鄉間」和「內間」，喊他們爲「革命黨」或「政黨」，實際使他們在祖國——被侵略國之內從事偵查工作（情報）；第二步、是令這些間諜——「鄉間」和「內間」，在被侵略國之內，從事宣傳工作，藉口組織「革命黨」或「政黨」，擴大偵査和宣傳網或「議會鬬爭」；第三步、是給與金錢槍械，編組「鄉間」和「內間」成爲「人民解放軍」，武裝暴動，作游擊戰；第四步、這種「革命黨」和「人民解放軍」佔領地盤，成立「國家內的國家」（詞見 總統所著「中國之命運」），或組閣或成立「聯合政府」，對被侵略國的中央「獨立」或控制中央；第五步、各被侵略國的第五縱隊「統一」了他的祖國，投入蘇俄所組織的「鐵幕」；第六步、蘇聯吞併了「鐵幕」國家，組織「聯邦」帝國。立在被侵略國的民族立場來看，這一套戲法，當然是僞黨、僞軍、僞國家；這一批人物，當然是間諜、漢奸、傀儡。然而從軍事學及諜報勤務的觀點來說，這一套也便是第五縱隊戰術了。這是最近代最典型的型式，也可以說是蘇聯型。

總之，史太林及現在的俄酋布爾寧等正在指揮着赤色第五縱隊——化裝爲「共產黨」，征服世界。在斯拉夫兵學史上，有着它的淵源，傳授的脈絡淸淸楚楚。波蘭人、中國人，和其他國家其他民族，身經幾百年的被侵略被滅亡，血跡尙存，永不遺忘。現在毛逆澤東心裡也許明白了？但已不能跳出俄帝的魔掌了。

二　史太林運用了摩西戰術

一　摩西與舊約的新估價

摩西是希伯來人，卽今之以色列——猶太人。在宗教史上，摩西是一位神人；他是猶太教的教主，也是東方正教徒的偶像。希伯來人起初居住在阿拉伯，以游牧爲生，傳到亞伯拉汗，游牧到了示劍。示劍地方原爲一個農業區，後來漸漸發達成爲商業區。這一帶民族非常複雜，常常發生民族戰爭。亞伯拉汗傳到孫子雅各（以色列）時，因爲年歲飢荒，無法維生，乃遷到埃及，住在最富庶的歌珊，替埃及王（法老）看管牲口。

起初，埃及王對待希伯來人非常客氣；後以希伯來人生齒日繁，逐漸强盛，埃及感到希伯來人的威脅，便開始殘殺，並虐待希伯來人：不僅把希伯來人當作奴隸，而且不准他們生育男孩，凡生下男孩便被丟到河裡，只有女孩可以生存。摩西的誕生，便正當這個時代。他的母親因爲他生得十分俊秀，不忍丟入河中，於是把他藏了起來。三個月後不能再藏，便用一個蒲草箱，把他放在箱裏，安置在河邊的荻葦中。剛好埃及公主到河邊去洗澡，看見這個棄兒，便帶入自己宮中，僱了孩子的母親作乳娘，取名摩西，就是從水裏拉出來的意思。摩西長大後，看到希伯來人受盡埃及人的侮辱與壓迫，民族意識油然而生。有一天他打死了埃及人，風聲洩露，逃到米甸，在那裡和一位祭司的女兒結婚。他後來回到埃及，宣傳自己在米甸見到上帝，要他把希伯來人從奴隸的苦海裏救出來，帶他們到上帝賜給的「美好寬闊流奶與蜜」的故國迦南——今巴基斯坦——去。他當時獲得了希伯來人的擁護，乘着埃及普遍天災，就在正月十四日所謂「踰越節」那天晚上領導暴動，盡殺埃及人的長子，而率領六十萬希伯來壯丁及老幼婦孺共二百萬人離開埃及，其時適爲希伯來人到埃及滿四百三十年。稍後，埃及王拉美斯第二，特選兵車六百乘及所有軍隊與軍輛追擊他們；但被摩西全部殲滅。時爲公元前一千三百二十年，即我國商朝武丁五年辛酉。

摩西領導希伯來人離開埃及後，把六十萬壯丁分族編成十二個軍，另外成立一個「利未軍」（作用相當於史太林的MVD），奉耶和華——上帝爲「萬軍之神」，摩西則代表耶和華——上帝，而自任統帥，繞過紅海，經東岸向阿拉伯東南的西乃山山地前進。他所以不直接向東北進入巴基斯坦（迦南），西洋史家斷定這是一個重要戰略佈署，因爲摩西看到這六十萬群衆，固然有勇氣來暴動，但尙缺乏組織訓練，力量不夠堅强，恐怕經不起未來的風暴，乃領導他們在西乃山山地風餐露宿，整軍經武。其後，他向東北方面出擊，快打到巴基斯坦又折回往南邊打，這樣左衝右擊地打了四十年游擊戰。一面作戰，一面訓練。阿拉伯一帶的民族被他擊滅不少，多用火攻，全予焚斃。他每打一個勝仗，必歸其全功於耶和華；每遭挫折，也必說是上帝降罰，以教訓希伯來人。摩西未能親視復國，死後由門徒約書亞繼位，到第四十一年間，約書亞才領導希伯來人打回迦南。

希伯來聖經——舊約的前五經——創世記、出埃及記、利未記、民數記、申命記——甚至約書亞記——在這四十多年游擊戰中必已定稿（韋爾斯說）。創世記一經當係摩西口述或手寫。至公元前三三〇年亞力山大時代，全部舊約已被認爲聖書，內容形式與今本多同。公元前一〇〇年，已極受敬愛的誦讀。二千年來，譯成五百七十餘種文字，發行無法數清的冊數，歐美人幾乎家喻戶曉，口誦心維；俄羅斯正教徒讀之尤爲虔誠。因之遠西古戰術家——摩西的戰術，對於世界史上及現在的兵學家，特別對於帝國主義侵略家如史太林輩，實有深厚的影響。祇是我們中國人很少閱讀舊約，不曾加以注意而已。

摩西歷史，在西洋史家的筆底是這樣寫着，宗教家也是這樣記載着。我們如果撇開神話的眼光，而從兵學史的立場去看，舊約一書，實爲一部兵經或一部戰史。

二　摩西的精神總動員

現代有總動員一事，即動員全國人力物力財力，對敵作戰。第一次世界大戰以後，由物質總動員發展爲精神總動員，軍事專家對於二者認係驚人的發現。其實倘能仔細一讀舊約，必會知道摩西殆爲遠西首先使用物質總動員及精神總動員的第一人。摩西是公元前十四世紀的人，距今有三千三百多年，那個時代，摩西居然懂得總動員，可以說眞不愧爲第一號軍事天才。何況我們現在所說的精神總動員，往往祇是口號而忽視了行動；而摩西口中沒有喊總動員，却眞正做到精神總動員了。我們看他動員的方法：

（一）他創造了一套觀念，換言之就是創造一個思想信仰。他把這套觀念——思想信仰創用之後，就普遍宣傳，澈底闡發，在希伯來人空洞的腦海中放進這種觀念，使這種觀念把希伯來人在精神上集合起來，而自然地達成他的總動員。這便是他口述或手寫的創世記及申命記中的一套觀念。

創世記是世界觀，也是人生觀，申命記是由這種世界觀和人生觀發展出來的典章法制。他在創世記開篇即提出「上帝萬能」一義，說上帝在六天之內便創造了世界。前五經每一章的字裏行間，必發揮「上帝萬能」，他萬能得能創造世界，也萬能得能毀滅世界：「見人在地上罪惡很大，終日所思想的都是惡」，他「後悔造人在地上，心中憂傷」，遂降了四十天大雨，「凡在地上有血肉的動物，……以及所有的人都死了」，「祇留下挪亞」（創世記六至七章）。這種「上帝萬能」觀念便發展到「萬民一祖」：一切人類出於亞當、夏娃和挪亞，而將希伯來人的始祖亞伯拉汗列爲亞當——挪亞血系，這是中國的「天子」觀念，亞伯拉汗也竟是上帝之子了。因之他又宣傳說，挪亞的後人堅信上帝，上帝遂對他說：「我必叫你成爲大國」（創世記十二章），「我與你（按：指亞伯拉汗）立約，你要作多國之父……國度由你而立，君主從你而出」（前揭書十七章）。摩西說教至此，已昭告希伯來人必會脫離埃及爲奴的境地，回歸迦南故國，去作「大國」之民，享有上帝賜給的一切光榮了。

這一套觀念，站在宗教的觀點上，完全屬於神話；但若站在摩西革命復國的軍事立場上看，就明明白白的是精神總動員了。那時希伯來人的思想是沒有中心的，大多信仰了埃及的多神教，如崇拜「金牛犢」神，這祇能使希伯來人同化爲埃及人，永作奴隸，不想「翻身」。摩西卻擴大了希伯來祖傳的神話，製造創世記中一套觀念，洗滌了希伯來人的頭腦，喚起潛藏在希伯來人意識中的亞伯拉汗的歷史，終於把希伯來人的思想意志統一起來，而達到自己領導他們暴動，無所畏懼，富有信心。摩西說：上帝是萬能的；希伯來人便信仰了「上帝萬能」。摩西說：萬民是一祖的；希伯來人便信仰了「萬民一祖」。摩西說：迦南是上帝立約許給希伯來人的；他們便信仰了迦南是上帝立約許給自己的。摩西說：上帝許可希伯來人成爲「大國」；他們便信仰了自己必成「大國」……摩西製造一個觀念，希伯來人便信仰了這個觀念，自然希伯來人便緊跟着摩西動員起來。何況摩西又說：迦南是「流奶與蜜」的地方，對於正在作奴隸的希伯來人，這豈不是等於磨坊驢子頭上懸着的一把草？「踰越節」這個可名爲希伯來人革命紀念日之出現，確不是偶然的，它是摩西所作精神總動員的結晶。

現在我們來看史太林，他很明顯的已運用上摩西的手法。他也有僞造的上帝，名爲馬克斯；也有他的摩西（他自比爲約書亞），名爲列寧；他提出了「共產主義」、「蘇維埃聯邦共和國」、「全世界無產階級聯合起來」、「打倒帝國主義」……這便是史太林精神總動員的一套觀念。

（二）摩西創造了特殊的軍旗。軍旗爲全軍精神的集中點，所謂「旌旗所向，萬軍所止」，這是軍事家耳熟能詳的。摩西却在三千三百年前，創造出比軍旗還有精神集中力——一種魔力——的特殊軍旗，這便是他的三宗法寶：第一是兩塊「法版」，摩西說這「法版」是自己親上西乃山去見上帝，上帝賜給他的，版上的「十誡」也是上帝親自「用指頭寫成的」。第二是「約櫃」，「約櫃」上有個施恩座，由大祭司每年進去洒血一次，上有兩個金基路伯，相對地高張翅膀。「約櫃」內藏着「法版」（故又名「法櫃」），表示上帝與希伯來人所立之約，希伯來人須遵守上帝所定的律例典章，神必賜福；否則將其驅散於世界各國。第三是「神壇」，富麗堂皇，每天有祭司來焚香獻祭。這三種法寶合起來成爲一座「會幕」，規定由利未人專責供奉，外人不准親近，造成極端神秘氣氛。以後摩西同其他民族作戰時，就由利未人隆重莊嚴抬着「約櫃」，無論「約櫃」到達什麼地方，希伯來的軍隊就如潮湧，隨同進退，不可抗拒。這正如當年成吉思汗西征時，所使用的「蘇律定」（即指揮旗）的神秘威嚴，風行草偃。由於成吉思汗撑着黑纓錫頂的「蘇律定」，便能動員全軍，叱咤風雲，縱橫歐亞，使我們不難想像當年摩西這三宗法寶的神力——超軍旗力，是如何的鉅大了。

從摩西來看史太林，史魔祇不過是一名蠢拙頑劣的徒孫；但他也有他的特殊軍旗：鎌刀斧頭旗、「國際二十一條」（冒牌「十誡」）和馬列的偶像。

三　摩西的「辯證法」戰術指導及其實施

今天，我們參考史太林的第五縱隊戰術，可以說明摩西第五縱隊戰術的若干要領了，現在把它綜合的分析如次：

第一個要領，是第五縱隊戰術指導，即史太林叫作「唯物辯證法」的東西。依照「唯物辯證法」，指導第五縱隊戰，首先是利用敵人的「矛盾」，即運用敵人之一部在敵人之內打擊敵人的另一部，然後由我們把敵人「統一」（殲滅）。「辯證法」如果叫作哲學，那便是一種「內亂哲學」。據以賽亞書所載，摩西「辯證法」的第五縱隊戰術指導，早已開始在「踰越節」暴動以前。我們看這戰史文獻：

「看哪！耶和華乘駕快雲，臨到埃及；埃及的偶像在他面前戰競，埃及人的心在裡面消化。

『我必激動埃及人攻擊埃及人：兄弟攻擊兄弟，隣舍攻擊隣舍，這城攻擊那城，這國攻擊那國。埃及人的心神，必在這裡面耗盡。我必敗壞他們的謀略……』

「這是主萬軍之耶和華說的」。（以賽亞書十九章）

以賽亞這位先知，雖屬於希西家時代的人物，但他這段「默示」，一定是指「踰越節」以前的摩西第五縱隊戰術指導而說，因為摩西脫離埃及以後直到希西家時代，摩西及其後王並沒有再對埃及作戰。——這段引文所謂「耶和華乘駕快雲，臨到埃及」，實指摩西展開對埃及的第五縱隊戰而言，但實戰經過未見於前五經，使人無從說明全貌。所謂「埃及的偶像在他面前戰競」，是指摩西的一神教戰勝了埃及的多神教而言。一神觀念戰勝了多神觀念，正是摩西第五縱隊的第一戰果。所謂「埃及人的心在裡面消化」，是說埃及人精神崩潰，內部「矛盾」，這正是第五縱隊戰的第二戰果。由這第一第二戰果向前發展，便達到「激動埃及人攻擊埃及人」，即進入第五縱隊實戰階段，所以上文第二段是摩西第五縱隊戰術指導的正文，「兄弟攻擊兄弟」即兄弟「矛盾」，「隣舍攻擊隣舍」即隣舍「矛盾」，「這城攻擊那城」即城市「矛盾」，「這國攻擊那國」即國家「矛盾」，摩西利用各種「矛盾」，擴大「矛盾」，以矛攻盾，以盾攻矛，便達成第五縱隊戰的全勝。這眞正是「辯證法」的戰術指導。從神話立場看，這是「唯神辯證法」，從軍事立場看，這正是「唯物辯證法」了！至於文獻第三段「耶和華說的」云云，實即為摩西所說，舊約前五經的耶和華統通是摩西的「夫子自道」之詞，我們不要被這神話瞞過。

摩西的「辯證法」戰術指導，傳為馬列及史太林的「唯物辯證法」戰術指導：「埃及人攻擊埃及人」變為「中國人攻擊中國人」，「這國攻擊那國」演成秧歌王朝攻擊大韓民國和越南。史太林第五縱隊戰術指導，在「哲學」上叫做「唯物辯證法」，在兵學上叫做「階級鬪爭」，這一套的眞正淵源便在以賽亞書上。

第二個要領，是第五縱隊如何編組問題。我們先看現代史太林如何在各國中編組他的第五縱隊。他先是宣傳他的一種教——「馬克斯教」，使各國的「偶像在他們面前戰兢」，即使各國原有的觀念與主義不復存在；第二步便在「消化」的「人心」上（不信任原有觀念主義的人心上）加重注射馬克斯毒素，使之完全麻醉，麻醉一人，這一人便被史太林編入第五縱隊，麻醉一國，這一國也被史太林編入第五縱隊。史太林的編組方法就是如此，而這種編組方法，正也是摩西所用過的，而其徒弟約書亞使用這種方法更非常熟練。

原來在摩西游擊當時，他宣傳他的「上帝萬能」觀念及上帝立約將迦南許給希伯來人觀念，凡三十餘年，早使希伯來及迦南地區全部異族的「人心」都「消化」了，尤其他的火攻戰術，使所有異族都被懾服。約書亞履摩西餘威，在進攻耶利哥——這是進入迦南的門戶——戰役中，使用第五縱隊乃先全收功。這段戰史簡略如次（詳見本書下文「從耶利哥之戰看大陸淪陷」）：

約書亞派了兩個第五縱隊組織者（當時已名為「探子」了），進入耶利哥城的一個妓女名叫喇合的家。事機不密，有人已報告耶利哥王，說：「今夜有以色列人來到這裡，窺探此地」（約書亞記第二章）。於是耶利哥王打發人去見喇合，要她把人交出來；但被這「人心」「消化」了的妓女瞞過了，她說：「天黑要關城門的時候，他們出去了。你們快快的去追趕，就必追上」。實際妓女已先領二人上了房頂，將他們藏在蔴稭之中。當時這個妓女實已成為約書亞的第五縱隊，並執行掩護敵探的任務了。來人去後，妓女上房頂對他們說：

「我知道耶和華已經把這地賜給你們。並且因為你們的緣故，我們都驚慌了：這地的一切居民，在你們面前，心都消化了。因為我們聽見你們出埃及的時候，耶和華怎樣在你們面前使紅海的水乾了，並且你們怎樣對待約但河東的兩個亞摩利王……將他們盡行毀滅。我們一聽見這些事，心就消化了。因你們的緣故，並無一人有膽氣。耶和華——你們的上帝，本是上天下地的上帝。現在我們既是恩待你們，求你們指着耶和華向我們起誓，也要恩待我父家，並要給我一個實在的證據，要救我的父、母、兄、弟、姐、妹及一切屬於他們的，拯救我們性命不死」。（約書亞記第二章）

由這低沉婉轉的一番言語中，我們明白這個妓女甘心作第五縱隊的思想變化過程：首先她「心都消化了」，成為失敗主義者；其次，她信仰了「你們的上帝本是上天下地的上帝」，異教徒的妓女變爲以色列上帝的信徒，當然會掩護上帝派來的「探子」了；最後要求「拯救」她全家「不死」：經此三段變化，使這妓女出賣了自己的耶利哥族。於是二個「探子」便給她一條朱紅線繩要她拴在窗戶上，以便希伯來人進城的時候，不會「有人下手害她」及其全家，這等於史太林的「探子」給他的第五縱隊們的「黨證」或其他番號。

那兩個「探子」把這妓女編組爲第五縱隊之後，回到約書亞大本營，報告他們所遭遇的一切，並把妓女供給的情報面報約書亞，即「那地的一切居民，在我們面前，心都消化了」（前揭書）。一個國家，人民的「心都消化了」，那還用得着出兵去打麼？——所以約書亞圍上了耶利哥，耶利哥便告陷落。祇是耶利哥那些「心都消化了」的人們，究竟是見到「上天下地的上帝」了呢？抑是作了希伯來人供奉上帝的羔羊呢？我們一查約書亞記第六章，自會答覆這個問題了！

三千三百年後，史太林用他的上帝——馬克斯，用他的殺人放火淸算鬪爭，把中國妓女的「心都消化了」，毛澤東於是作了喇合。史太林澈底應用第五縱隊戰術指導的「辯證法」，使中國「兄弟攻擊兄弟，鄰舍攻擊鄰舍，這城攻擊那城」，幷嗾使毛逆的「中國」攻擊韓國和越南，大規模利用「矛盾」，將第五縱隊戰術變成第五縱隊戰略，畢竟是靑出於藍罷了。

四　摩西的統馭術

摩西率領二百萬希伯來人，到達以琳和西乃中間名爲汛的曠野時，希伯來人因爲沒有飲水和食物而變心後悔了，咒罵摩西說：

「巴不得我們早死在埃及地耶和華的手下！那時我們坐在肉鍋旁邊，喫得飽足。你將我們領出來，到這曠野，是要叫全會衆都餓死啊！」（出埃及記十六章）

這時摩西上西乃山製造「法版」去了。希伯來人要求亞倫不再拜耶和華，回頭供奉他們在埃及跪拜過的「金牛犢」

神，祈求神在前引路，帶他們重回埃及去。亞倫為摩西之兄，係摩西一神教的第二把交椅，也便走了「群衆路線」，叫他們把所有的金環摘下來，扔在火中鑄成了「金牛犢」神。會衆於是興高采烈，爭相膜拜。立在摩西教的立場，這是反教了，立在希伯來奴隸革命的立場，這是反革命了，立在軍隊的立場，這是譁變了。及至摩西從西乃山下來，看到百姓如此「放肆」，就站在營門中說：

「凡屬耶和華的，都要到我這裡來」！（出埃及記三十二章，下同）

當時十二個族，祇有他自己的一族——利未族遵命集合，這表示摩西的統馭權是幾乎全部瓦解了。他對他們說：

「耶和華——以色列的上帝說：『你們各人把刀跨在腰間，在營中往來，從這門到那門，各人殺他的兄弟與同伴並鄰舍』……」

摩西為了重振統馭權，開始使用「辯證法」式（矛盾式）的極權殺人。「利未人的子孫照摩西的話行了，那一天百姓中被殺的約有三千人」。這是多大的數目！

不久又有「可拉黨」之變（詳見民數記），攻擊摩西「擅自專權」（這等於有人攻擊當時的史太林及現在的布加寧極權）。「可拉黨」的二百五十名代表對摩西說：

「我們不上去！

「你將我們從流奶與蜜之地（按：指埃及）領上來，要在曠野殺我們，還豈為小事？你還要自立為王，轄管我們麼？並且你沒有將我們領到流奶與蜜之地（按：指迦南），也沒有把田地和葡萄園給我們為業，難道你還要剜這些人的眼睛麼？

「我們不上去」！（民數記十六章）

摩西於是又殺死這二百五十名代表，以及和這二百五十名代表有關的一萬四千七百個希伯來人。他在殺死二百五十名代表後，宣傳說這些人背叛上帝，被上帝陷入地中去了；殺死一萬四千七百人後，再放一把火將他們焚燬，又宣傳說火是「從上帝那裡出來」的。

以上是摩西統馭術的一面；我們拿史太林的做法來對比一下，恰是完全相同。

在摩西命令利未人殺死三千個希伯來人之後，又說：

「今天你們要自潔，歸耶和華爲聖。各人攻擊他的兒子和兄弟，使耶和華賜福與你們」。（出埃及記三十二章）

「自潔」用史太林字典譯之，便是「坦白」；「各人攻擊他的兒子」用毛澤東字典譯之，便是「鬪爭」。摩西創立「自潔」（我們要知道俄國正教徒始終嚴厲執行這種制度，名曰「作神功」，直到史太林學會這種制度爲止），旨在控制教民及幹部；「各人攻擊他的兒子」旨在加强「教性」（這兩字爲史太林「黨性」之淵源），兩者完全背反「人性」。申命記十三章全章載着摩西親口申說的命令：

「你的同胞兄弟，或是你的兒女，或是你懷中的妻，或是你如同生命的朋友，若暗中引誘你，說：『我們不如去事奉別神』，你不可依從他，也不可聽從他，眼不可顧惜他，你不可憐恤他，也不可遮庇他，總要殺他！你先下手，然後衆民也下手，將他治死，要用石頭打死他」。

十七章又說：

「無論那座城裡，若有人，或男，或女，行耶和華——你上帝眼中看爲惡的事，有人告訴你，你也聽見了，就要細細地探聽，果然是眞，準有這可憎惡的事，行在以色列中，你就要將這行惡事的男人或女人，拉到城門外，用石頭將他打死」。

我們如將上文中「別神」及「耶和華——你上帝」字樣掩住，再重讀一遍，恍如看見史太林和毛澤東手繪的千萬幅「坦白鬪爭圖」掛在眼前，兒子舉着石頭打死爸爸，弟弟拿着石頭打死哥哥……疑惑這上文不是神人摩西的話，而是史太林、毛澤東的話了！

這是摩西統馭術的又一面；史太林、布加寧、毛澤東這些魔鬼正是同樣的做法。

還有更厲害的第三面，便是摩西的「利未軍」。摩西用極權殺人法達成控制，而爲他執行殺人的機構，便是這支「利未軍」。「利未軍」在上述殺死三千人之前，與其他十二個軍同時編成，但不負作戰任務，子子孫孫祇是「奉耶和華的名侍立事奉」（申命記十八章）——作「祭司」，看守「會幕」，灑血。我們推測為摩西製造「雲柱」、「火柱」及全份上帝文件者，也都是他們。而他們主要是保障摩西的統馭權——執行秘密警察任務。他們「沒有產業」，「耶和華是他們的產業」。他們是摩西的本族，摩西的死黨。

現在我們將史太林的MVD和「利未軍」一作比較，我們便可以看出MVD的起源來。

五　摩西與史太林

我們詳細讀過這部摩西歷史——舊約前五經以後，不覺恍然大悟：原來史太林的老師，不僅有一位名為拔都的遠東人，而且還有這一位遠西人的摩西。西人有謂史太林的思想體系出於俄羅斯民粹派及沙皇者；當知俄羅斯一切壞處均淵源於正教，沙皇壞在正教上，民粹派也壞在正教上，列寧還是壞在正教上。所謂斯拉夫文化，祇是正教文化加蒙古文化。正教更為帝俄及俄帝之母。正教的經典是舊約，舊約的中心是摩西，摩西才是民粹派、沙皇、列寧的真正的上帝。尤其史太林，他先天便是正教徒，十三歲開始讀神學校，一讀便是四年，考取了四級神甫，若一次要手寫一部舊約，他便手寫了四次，所以舊約與摩西實已成為史太林的潛意識。據親炙史太林頗久的狄托說：「史太林自己說，他是『國際共產主義』的『祭司長』，還有人說他想當個『主教』云云」，這幾句話確從心理學上揭出史太林的秘密：他的一切動作暴行，全受舊約與摩西所支配；馬克斯祇是他的託名而已。儘管他在反宗教，其實他在創宗教，用他自己的「史太林教」反對其他宗教。所以摩西伊玆姆（ism）變種為史太林伊玆姆，摩西戰術變種為史太林戰術了。這裡用「變種」一詞，是說摩西戰術的基本作用是為着希伯來人的革命；而史太林的戰術是為着史太林自己的侵略。是非、善惡、本質都不同；樣子却是維妙維肖。「橘逾淮而化為枳」，史太林恰是一個冒牌的橘子。

三　從耶利哥之戰看大陸淪陷

一　約書亞巧用了耶和華的假聖旨

耶和華的僕人——摩西死了以後，耶和華曉諭摩西的帮手——嫩的兒子——約書亞說：

「我的僕人摩西死了！現在你要起來，和衆百姓過這約但河，往我所要賜給以色列人的地去。凡你們脚掌所踏之地，我都照着我所應許摩西的話賜給你們了。從曠野和這利巴嫩直到伯拉大河——赫人的全地，又到大海日落之處，都要作你們的境界。

「你平生的日子，必無一人能在你面前站立得住。我怎樣與摩西同在，也必照樣與你同在。我必不撇下你，也不丟棄你。你當剛强壯胆，因爲你必使這百姓承受那地爲業，就是我向他們列祖起誓應許賜給他們的地。祇要剛强，大大壯胆，謹守遵行我僕人——摩西所吩咐你的一切律法，不可偏離左右，使你無論往那裡去，都可以順利。這律法書不可離開你的口，總要晝夜思想，好使你謹守遵行這書上所寫的一切話。如此，你的道路就可以亨通，凡事順利。我豈沒有吩咐你麼？你當剛强壯胆，不要懼怕，也不要驚惶，因爲你無論往那裡去，耶和華——你的上帝必與你同在」。

於是約書亞吩咐百姓的官長，說：

「你們要走遍營中，吩咐百姓說：『當預備食物！因爲三日之內，你們要過這約但河，進去得耶和華——你們上帝賜給你們爲業之地』！」

約書亞對流便人、迦得人和瑪拿西半支派的人說：

「你們要追念耶和華的僕人——摩西所吩咐你們的話，說：『耶和華——你們的上帝使你們得享平安，也必將這地賜給你們』。你們的妻子、孩子和牲畜，都可以留在約但河東——摩西所給你們的地；但你們中間一切大能的勇士，都要帶着兵器，在你們的弟兄前面過去，幫助他們；到耶和華使你們的弟兄，像你們一樣得享平安，並且得着耶和華——你們上帝所賜他們爲業之地，那時才可以回你們所得之地，承受爲業，就是耶和華的僕人——摩西在約但河東向日出之地所給你們的」。

他們回答約書亞說：

「你所吩咐我們行的，我們都必行。你所差遣我們去的，我們都必去。我們從前在一切事上怎樣聽從摩西，現在也必照樣聽從你。惟願耶和華——你的上帝與你同在，像與摩西同在一樣。無論什麼人違背你的命令——不聽從你所吩咐他的一切話，就必治死他。你祇要剛强壯膽」！

這是耶利哥戰爭時，閃族（以色列人）統帥約書亞假託耶和華的意旨，動員閃族軍民製造旺盛的企圖心的一篇紀錄。這一戰爭，是閃族對赫人等的戰爭，時間約在公元前一二八〇年即我國殷朝武丁四十五年左右。當時赫族等住在約但河西直到地中海，他們是一種黃顏色而信仰蘇末教（巫教）的人群，大概便是公元前二八〇〇年左右蘇末亡國後流亡到那裡去的蘇末人。

二　間諜與妓女喇合

當下，嫩的兒子——約書亞從什亭暗暗打發兩個人作探子，吩咐說：

「你們去窺探那地，和耶利哥。」

兩個探子便秘密地到了耶利哥城一個妓女名叫喇合的家裏，而且躺臥在她家中。不料事機不密，被人發覺，報告耶利哥王，說：

「今夜有以色列人來到這裡，窺探此地」！

耶利哥王打發人去見喇合，說：

「那來到你這裡——進了你家的人，要交出來！因爲他們來窺探全地」！

女人將二人隱藏，就回答說：

「那人果然到我這裡來。他們是那裡來的？我却不知道。天黑——要關城門的時候，他們出去了。往那裡去？我却不知道。你們快快的去追趕，就必追上」。

那些人就往約但河的渡口追趕他們去了；追趕他們的人一出去，城門也就關上了。女人就上房頂到他們那裡，對他們說：

「我知道耶和華已經把這地賜給你們。……………拯救我們性命不死。」（全文見本書十二頁）

二人對她說：

「你若不洩漏我們這件事，我們情願替你們死。——耶和華將這地賜給我們的時候，我們必以慈愛誠實待你」！

因爲喇合的房子是在城牆上，她也住在城牆上，於是她就用繩子將二人從窗戶縋下去。並對他們說：

「你們且往山上去，恐怕追趕的人碰見你們。要在那裡隱藏三天，等追趕的人回來，然後才可以走你們的路。」

二人對她說：

「你要這樣行——不然，你叫我們所起的誓，就與我們無干了——我們來到這地的時候，你要把這條朱紅線繩繫在縋我們下去的窗戶上，並要使你的父母、弟兄和你父的全家，都聚集在你家中。凡出了你家門往街上去的，他的罪必歸到自己的頭上；與我們無干了。凡在你家裏的，若有人下手害他——流他血的罪，就歸到我們的頭上。你若洩漏我們這件事，你叫我們所起的誓，就與我們無干了。」

喇合對他們說：

「照你們的話行罷！」

喇合把兩個探子打發去了，便把朱紅線繩繫在窗戶上。

兩探子到了山上，在那裡住了三天，等着追趕的人回去了，他們就下山回來，過了河，到約書亞營裏，向他報告所遭遇的一切事情，並說：

「耶和華果然將那全地交在我們手中！——那地的一切居民，在我們面前心都消化了！」

其實，除了耶利哥王以外的人，四十餘年來，接受了摩西所宣傳的耶和華教，已相信了「耶和華本是天上地下的上帝」，並且眞以爲「耶和華已經把這地（耶利哥的國家）賜給」摩西和約書亞了。摩西和約書亞的燒滅整個異族的恐怖戰，尤其使得耶利哥人不知死所，因之全部成了失敗主義者，產生了投降的心理。「那地的一切居民」，在閃族人的面前，「心都消化了」！

三　向耶利哥前進

約書亞清早起來，和以色列衆人都離開什亭，來到約但河，就在那兒等候過河。

耶和華對約書亞說：

「從今日起，我必使你在以色列衆人眼前尊大，使他們知道我怎樣與摩西同在，也必照樣與你同在。

「你要吩咐抬約櫃的祭司說：『你們到了約但河的水邊上，就要在約但河水裡站住』」。

約書亞對以色列人說：

「你們近前來，聽耶和華——你們上帝的話！

「看哪！普天下主的約櫃，必在你們前頭過去，到約但河裡，因此你們就知道在你們中間有永生上帝；並且他必在你們面前趕出迦南人、赫人、希未人、比利洗人、革迦撒人、亞摩利人、耶布斯人！

「你們現在要從以色列支派中揀選十二個人——每支派一人，等到抬普天下主——耶和華約櫃的祭司把脚站在約但河水裏，約但河的水，就是從上往下流的水，必然斷絕，立起成壘」。

百姓離開帳棚要過約但河的時候，抬約櫃的祭司乃（走）在百姓的前頭。他們到了約但河，脚一入水（原來約但河水，在收割的日子，漲過兩岸），那從上往下流的水，便在極遠之地——撒拉但旁的亞當城——那裡停住，立起成壘；那往亞拉巴的海——就是鹽海——下流的水，全然斷絕。於是百姓在耶利哥的對面過去了。抬耶和華約櫃的祭司，在約但河的乾地上站定，以色列衆人都從乾地上過去，直到國民盡都過了約但河。

正月十四日晚上，以色列人在耶利哥的平原——吉甲安營，守逾越節。同時約書亞靠近耶利哥的時候，擧目觀看，不料有一個人——手裡有拔出來的刀——對面站着。約書亞便走前問道：

「你是帮助我們呢？是帮助我們敵人呢？」

那人回答道：

「不是的！我來是要作耶和華軍隊的元帥」！

約書亞就俯地下拜說：

「我主有什麽話吩咐僕人」？

耶和華軍隊的元帥對約書亞說：

「把你脚上的鞋脫下來！因爲你所站的地方是聖的」！

約書亞就照着做了。

「耶和華約櫃」是用皂莢木所製的櫃，長二肘半，寬一肘半，高一肘半，裏外包上精金，四圍鑲上金牙邊，四脚裝有四個金環。櫃內藏着摩西從西乃山上耶和華手中接受的「法版」。「法版」上刻有耶和華用手指頭寫的「十誡」。「約櫃」供奉在「施恩座」上。「施恩座」類似我們神廟裏的佛座，座上裝有金子鍾出的兩個基路伯（我們名「飛天」，係蘇末致的女神）。座前設有桌子、灯台、香壇、祭壇、浴盆。這全堂供品安在「會幕」之內，由「祭司」供奉。摩西作戰時，由「祭司」抬着「約櫃」在前領導，全軍隨着前進。「約櫃」在摩西及約書亞軍中的神聖作用，類似成吉思汗的「蘇律定」。摩西製造「耶和華約櫃」四十年後，發揮了絕大的神經戰作用：對全軍，這是軍旗；對敵人，這是恐怖的象徵——「耶和華約櫃」到處，異族無不戰慄。至於約但河水「立起成壘」云云，則是一種宣傳戰。

四　古代心理戰的妙用

約但河西亞摩利人的諸王，和靠海迦南人的諸王，聽見耶和華在以色列人前面使約但河的水乾了，他們的心，因以色列人的緣故，就消化了，沒有胆氣。耶利哥的城門，因以色列人，就關得嚴緊，無人出入。

耶和華曉諭約書亞說：

「看哪！我已經把耶利哥和耶利哥的王，並大能的勇士，都交在你手中。你們的一切兵丁，要圍繞這城，一日圍繞一次，六日都要這樣行。七個祭司要拿七個羊角，走在約櫃前。到第七日，你們要繞城七次，祭司也要吹角。他們吹的角聲拖長，你們聽見角聲，衆百姓要大聲呼喊，城牆就必塌陷，各人都要往前直上」。

嫩的兒子——約書亞召了祭司來，吩咐他們說：

「你們抬起約櫃來！要有七個祭司拿七個羊角，走在耶和華的約櫃前」。

又對百姓說：

「你們前去繞城！帶兵器的要走在耶和華的約櫃前」！

約書亞對百姓說完了話，七個祭司拿七個羊角，走在耶和華（約櫃）面前吹角；耶和華的約櫃在他們後面跟隨。帶兵器的走在吹角的祭司前面；後隊隨着約櫃行，祭司一面走一面吹。

約書亞吩咐百姓說：

「你們不可呼喊，不可出聲——連一句話也不可出你們的口！等到我吩咐你們呼喊的日子，那時才可以呼喊」！

這樣，他使耶和華的約櫃繞城，把城繞了一次。衆人回到營裡，就在營裡住宿。

約書亞清早起來，祭司又抬起耶和華的約櫃。七個祭司拿七個羊角，在耶和華的約櫃前，時常行走吹角。帶兵器的在他們前面走，後隊隨着耶和華的約櫃行。祭司一面走一面吹。——第二日，衆人把城繞了一次，就回營裡去。

六日都是這樣行。第七日清早——黎明的時候，他們起來，照樣繞城七次——惟獨這日把城繞了七次。

祭司吹角的時候，約書亞吩咐百姓說：

「呼喊罷！——因爲耶和華已經把城交給你們了！這城和其中所有的，都要在耶和華面前毀滅；只有妓女喇合與她家中所有的，可以存活，因爲她隱藏了我們所打發的使者。」

於是百姓呼喊，祭司也吹角。百姓聽見角聲，便大聲呼喊。耶利哥城牆塌陷，百姓便向城衝進去，將城奪取。又將城中所有的，不拘男女、老少、牛羊和驢，都用刀殺盡。

約書亞吩咐窺探地的兩個人說：

「你們進那妓女的家，照着你們向她所起的誓，將那女人和她所有的，都從那裡帶出來」！

當探子的兩個少年人就進去，將喇合與她的父母、兄弟和她所有的，並她一切的親眷都帶出來，安置在以色列的營外。

因爲喇合曾掩護了約書亞所打發窺探耶利哥的探子，做了約書亞的第五縱隊，所以把她父家及她所有的都救活了。其餘除金子、銀子和銅鐵的器皿，都放在耶和華殿的庫中外，就着衆人用火全部燒光。

我們從上面的記載，可以知道：耶利哥之戰，是摩西創造而經約書亞指導的一次最大的心理戰——神經戰，也是隱體戰！先造成城中人對於耶和華的萬分恐佈，然後耶和華到來，一天繞城不進，兩天繞城不進……使城中「心都消化」的人，神經趨於失常；三天繞城不進，四天繞城不進……使城中的失敗主義者的「心」更「消化」；五天繞城不進，六天繞城不進……使城中的投降派達到準備降服的高潮；第七天繞城七次，百姓呼喊，祭司吹角，這是心戰技術達到最高潮，使城內人精神上受到致命的打擊，心理澈底「消化」了：「城牆塌陷」云云，說明耶利哥人是開城出降了。

五　史太林學了約書亞

這個戰役，說來像一個故事；但在舊約中載得明明白白，言之有聲有色，也許不會沒有。而且這個戰役裡的心理戰原理，都非常符合心理學。我們看俄帝侵略我國，我大陸之怎樣陷落，便是這一戰役的眼前證據了！史太林便是約書亞；馬克斯做了耶和華；毛澤東便是喇合；三十八年的大陸，便是耶利哥呀！

四　史太林巧用了木馬計

一　木馬計的由來

公元前一一九三至一一八四年，愛琴海西岸希臘半島的斯巴達，和東岸的特類之間，掀起了一園綿亙十年的戰大。這一戰爭，記載在「伊利亞特」二十四章詩上。據說「伊利亞特」和「奧德賽」，是希臘詩聖荷馬的作品。我們在這段戰史上，發現歐洲最古的隱體戰，就是有名的「木馬計」（一名「特類之馬」）了。

荷馬在詩中告訴我們，有一次特類的王子巴黎斯去訪問斯巴達王曼尼勞斯的宮庭。曼尼勞斯對這位嘉賓很是慇懃地招待；但是巴黎斯竟乘機勾引他的太太——那「美麗的海倫」，並和她渡過愛琴海，逃回了特類。這件事深深地激怒了希臘，曼尼勞斯決定要使海倫回到自己的懷抱，全希臘的君主都擁護他，贊成征討特類，於是他們決定向特類人開戰，並推曼尼勞斯的哥哥邁錫尼王阿加梅農爲全軍最高統帥，號召阿契恩諸王以及他們的軍隊和船舶，渡海東征。這個戰爭延續了十年，戰鬪的行爲大半是双方將領的比武，希臘和特類的許多英雄都參加了。最出名的英雄，在希臘方面是皮琉斯的皇太子阿溪里，特類方面是普賴安的皇子赫克忒。

赫克忒勇猛地和阿溪里戰鬪，可是因爲他不能用矛戳破赫斐斯特所鑄造的甲冑，終於爲阿溪里所殺。赫克忒臨死前，曾請求阿溪里不得侮辱他的身體；可是阿溪里是殘酷的，他在結果敵人性命之後，並把他的屍體繫在馬車輪上，拖進大營。赫克忒的父母和特類人從城牆上目擊所有這種慘烈情形，但却無法援救。祇有傷心地號淘大哭。然而阿溪里也活了不久，結果被赫克忒的兄弟巴黎斯所殺。

赫克忒死後，特類人已經不打算再跟希臘人在野外作戰了，於是深閉城門，堅守不出。可是希臘人損失了猛將阿溪里，也不能攻下特類城，於是双方相持了十年。後來希臘決定不以力取，而以計攻，依從伊色加王奧德賽的獻策，造了一匹巨大的「木馬」，留在特類城外，「木馬」的裏面藏進十幾名最勇敢的希臘武士，而由西侖守着「木馬」。其餘的軍隊一起上船，裝做揚帆歸國的模樣，退到最近的島上。特類人眼見希臘戰船開拔了，以爲包圍已經解除，便高高興興地將「木馬」拖進城裏。西侖佯言因罪被判死刑，故被大軍遺棄，哀求饒恕；特類人信而許之。到了夜晚，特類全城已經酣睡，「木馬」裏的勇士破腹而出，偷偷地替那些從島上回來的希臘軍隊把城門打開，他們就這樣裏應外合地攻陷了特類：堅强的特類城，就在戰爭的第十個年頭陷落了，變成了廢墟。

這一段史實，在西洋史上是最古的隱體戰，雖然比起中國古代史上懂得利用第五縱隊晚了一千年（參看「因國史」），不免瞠乎其後。但是這一陰謀戰術，畢竟成就了亡人家國的雄圖。

二　史魔木馬計的排演

三千一百餘年之後，俄帝對中國也組織了一個隱體戰。新的奧德賽——史太林也給我們留下了一匹「木馬」，牠的商標便是「中國共產黨」。這個現代的詭計，和西洋上古的「木馬計」恰是如出一轍，毫無二致。

一九二一年七月，俄帝的西侖——特務維辛斯基，奉令鼓勵與指導中國的所謂「馬克斯主義者」，在上海製造了這匹「木馬」，命名「共產黨」號，列爲「第三國際」的中國「支部」，俄帝並隨時派遣特務人員到中國來餵養這隻「木馬」——直接指導共匪的破壞工作，幫助共匪成立一支龐大的「紅軍」，在三十年中間，牠掩盡了天下人的耳目，使我們看不見牠的眞像。今天牠已爲俄帝打開了中國的城門，侵佔了中國的大陸，並成爲俄帝征服世界的有力工具了。

「木馬計」的主要特徵，是把作戰的主體隱蔽起來，卽用滲透、僞裝和陰謀，戰敗它的敵人。所以史太林的「木馬」雖然骨子裏幹的是出賣國家的勾當，但表面上却被一般盲目者認爲「革命」，俄帝實際上要滅亡我們的國家，而表面還是裝出友善和互助的笑臉。

一九二三年一月二十六日，俄帝的特務機關卽所謂「第三國際」（整個的「第三國際」，也是一匹「木馬」）的駐華代表越飛，與 國父孫中山先生在上海發表聯合聲明，大意說「共產主義」及「蘇維埃」制度，根本不適合於中國國情，認爲中國最迫切的問題，是在求國家的統一與獨立，越飛並保證中國將獲得俄國人民和政府的支持。

當時，我們 國父格於國際與國內的環境，需要「加強本國內革命份子的力量」，也希望能有「以平等待我之民族」，比肩作戰，並期溶化國內的「共產黨」，故在越飛這樣公開聲明之下，他容許了「共產黨黨員」以個人身份加入本黨；並允許「第三國際」派政治和軍事人員到中國幫助組黨練軍，進行新的革命。誰知「木馬」就這樣混了進來！

俄帝在 國父和越飛發表聯合聲明之後，表示願意放棄沙皇時代對中國的一切無理要求，聲明無意分割中國的外蒙古，並保證交還一切租借地，看起來她對中國眞有「揚帆歸國」的樣子。可是就在同一個條約裏，她却和北京政府互相保證，任何一國政府不得從事反對對方政治或社會制度的宣傳。這一條尾巴很明顯地指出了「木馬」究竟要做一些什麼事。

整個的事件是一套欺騙的戰術。「木馬」混了進來以後，牠便在「第三國際」派出的狡黠的第五縱隊組織家鮑羅廷和加侖的指導下，參與我國國民革命的政略和戰略，並陰謀利用我國人民澎湃的愛國熱潮，想使我們的國民革命轉變爲一種排外的反抗帝國主義的戰爭，企圖造成列强武力干涉，產生一個眞實的「帝國主義者的戰爭」，達到史太林和「第三國際」所認爲「革命」勝利所必需的「客觀條件」。所幸這個詭譎的陰謀，不久便被我們偉大的領

袖　蔣總統所粉碎了。

「木馬」本是受命於克里姆林宮，也就是史太林征服世界的戰略的一部份。「中國共產黨」從成立以至佔領整個中國大陸，沒有一時不是在服從着「第三國際」的每一個指示。自一九三五年「第三國際」採取「人民陣線」，以防禦一天天增長的法西斯國家侵略的時候，「中國共產黨」也就奉命跟從這一條路線。自一九三七年至一九三九年間，莫斯科支持我國民政府反抗日本，以解除它自己所遭受的東西夾攻的威脅時，共匪奉命參加了「抗日統一戰線」，佯言放棄武力反抗國民政府的政策及赤化運動，並聲明願爲三民主義的澈底實現而奮鬪；但是暗中却提出「三分抗日，七分壯大」的口號。隨後莫斯科指說歐洲的戰爭爲帝國主義戰爭，而採取了孤立主義者的態度，同時共匪也就完全放棄了對日抗戰，而加强其奪取政權的活動。迨一九四一年六月二十二日德國攻擊俄帝之後，在莫斯科和延安，又同時將所謂帝國主義的戰爭一變而爲爭取自由與民主的戰爭。隨後共匪便加緊其出賣祖國攫取政權的攻勢。及至一九四五年八月九日（共匪以「延安總部」名義，聽命並迎接俄帝紅軍對日宣戰），更在莫斯科的全力支持下，公然發動了空前的全面叛亂，騙開了中國的城門，爲俄帝囊括整個大陸而領路！（參見劉珍「俄帝研究」）

這四「木馬」是史太林一手造成的，豢養的。牠騙據了中國大陸，隨着又騙使了中華兒女們到遼遠的朝鮮、越南去爲斯拉夫人送死，並奪取烏拉山到朝鮮的所謂「世界島中心地」，作爲俄帝征服世界的戰略基地。

三　木馬計已戳穿了

史太林的詭計雖然比奧德賽厲害得多，他的「木馬」中所藏的第五縱隊，雖然不是蘇俄人，而竟是所謂「中國人」；但是當我們吃了這樣的大虧之後，畢竟是認淸了俄帝的「木馬計」——隱體戰的眞面目。就是大陸上被騙的「中國人」，也逐漸明白了俄帝的陰狠和她的「木馬」的冥頑。

目前大陸的同胞在「木馬」的控制下，受寒、挨餓、流淚、流血，到處都是鮮血，每個角落都有悲哀的哭聲；我們要爲國家雪恥，保全中華民族的永存，我們要求自己活命，拯救大陸上千萬的同胞，必須澈底摧毁俄帝「木馬」組織，殺盡一切赤色漢奸。

五　隱體戰的史例

一　看不見的戰爭

隱體戰係「看不見的戰爭」（「看不見的演習」「看不見的攻擊」）一詞的中譯。在一九一七年俄國「十月革命時」，托羅斯基曾經使用「看不見的戰爭」（參見托氏自傳、「叛亂與革命技術」及本書「隱體戰在俄國的實施」），推倒克倫斯基政府。以後，這樣式的戰術便隨着在「第三國際」（俄國的特務機關）受訓的各國學生，傳遍世界。北伐軍克復上海，也曾一度使用這種戰術。民國十七年，某君譯之爲「隱身戰」（見民智書局版「革命與反革命」）。一九三九年，佛朗哥攻略馬德里時，名其執行隱體戰的部隊爲「第五縱隊」。

二　木馬計

世界史上較古的隱體戰史，一般說來以「木馬計」爲最知名。這個計策，是公元前一一九三——一一八四年時，希臘人對特類人戰爭時用過的。距今天已有三千一百四十年了。

公元前一一九三年，特類王子巴黎斯渡過愛琴海，訪問希臘王曼尼勞斯。希臘王優禮有加地接待他，舉行盛大的舞會，讓自己的愛妻——「美麗的海侖」和特類王子伴舞。不料巴黎斯竟而愛上了海侖，海侖也傾心風流儁逸的巴黎斯：他倆比翼雙飛，逃之夭夭——巴黎斯把海侖拐帶回國了。

爲了這一椿風流案件，希臘王和他的兄弟邁錫尼王阿加梅農，召集希臘諸邦國王，統率戰船，遠征特類。希臘軍重重圍攻特類，從公元前一一九三年，雙方戰守十年，相持不下。

第十年上（公元前一一八四），希臘軍總司令奧德賽設計了一個西洋史上最古的隱體戰。奧德賽製造一具腹內能容十幾名勇士的「木馬」，隱藏勇敢善戰的武士在「木馬」腹中，棄置在特類城外；然後希臘軍佯裝撤退，飄航遠去。

特類人看見希臘軍解圍歸國，就紛紛出城搜索；於是發見這四巨大的「木馬」。不知是計，便要拖回城裡去。當時本有一位哲人，想到「木馬」稀奇，恐有詭謀；但並沒有說服了好奇的特類人，於是「木馬」進入了十年未能攻破的特類石城。

當夜夜深，特類人已被「勝利冲昏頭腦」，正在酣飲狂舞；希臘軍却又合圍上來，「木馬」裡隱藏的勇士也破腹而出，大開城門，放入希臘軍。這結果是很明白了：特類亡了國，巴黎斯和他的父王以及所有貴族、軍隊和人民全被殺死，石頭城也被燒成斷壁頹垣；曼尼勞斯則在希臘軍凱歌聲裡，擁着「美麗的海侖」揚帆回國去了（參見荷馬「伊利亞特」史詩及本書「史太林巧用了木馬計」）。

三　藩車計

在我們中國，當孔子降生的次年即公元前五五〇年，也發生了「木馬計」式樣的隱體戰。

那時是周朝。周朝的諸侯——齊莊公和晉平公，繼承他們祖與父打下來的綿亙不絕的戰爭，業已進行了八十年；後來戰局已定：晉勝，齊敗。晉國把齊國嚴密地控制在手，讓齊國替晉國的覇業効力，出錢，賣命，而不許稍有反抗，齊莊公可憐得喘不出氣來。

但物極必反，齊國終於創造了一個古典但又最近代型的隱體戰，向晉國反攻了。

齊莊公三年（公前五五一），晉國失意的貴族首領欒盈，逃入齊國。欒盈一族，累代任晉國第三軍（下軍）軍長。欒盈在出走之前，正任第三軍的參謀長。因為他和權臣范匄不睦，被譖於平公左右，致招滅門之禍。欒盈出亡，先到楚國，又輾轉到了齊國。齊莊公於是利用欒盈為「上兵」（參見「我們要研究孫吕戰術思想」）。

公元前五五〇年（齊莊公四年、晉平公八年、孔子兩歲）周曆四月，晉平公的公主出嫁。按照當時的規矩，同盟國都得陪送女儐相（那時女儐相和今天不同：她應和新娘一道入洞房）。齊莊公抓緊這個機會，派了一個特務——析歸父（古代的土肥原、維辛斯基）去送女儐相；而這女儐相却是由欒盈化裝而成。析歸父用「藩車」（有蓬的車）載着欒盈和他的黨徒——智起、中行喜、州綽和刑蒯等人，完全扮作女子，送到晉國的曲沃——欒盈的基本勢力所在地。計劃的想定是：由欒盈在晉國暴動；由齊兵從外打入，「裡應外合」。

欒盈到曲沃後，昏夜裡去訪問舊部——當時任曲沃警備司令的胥午，說明「倒范革命」的計劃。胥午原是不贊成的，以後終於却不過老上司的面子而答應了。於是胥午把欒盈藏在客廳的幕後，一面召宴「舊黨」。在音樂悠揚中，胥午起立，說：

「今天如果見到欒盈，我們該怎樣幹呢？」

「欒盈如果來，我們一定爲他賣命！」

大家異口同聲地回答胥午，四座長嘆，有些竟而哭泣起來。大家又喝了一陣酒。胥午站起來，說：

「今天如果見到欒盈，我們該怎樣幹呢？」

「只要欒盈來，我們一條心！」

一聲未完，欒盈揭幕走進客廳來，和衆人爲禮。大家悲喜交集，痛飲一場：「革命計劃」便商定了。在齊莊公這方面看，一支隱體戰的第五縱隊是被編組起來了。接着，欒盈和晉國的衛戍總司令——魏絳（欒的私交很好的同事）也完成了聯絡。

幾天以後，欒盈率領他的僞黨和僞軍襲入了晉京，魏絳同時也駕好兵車準備內應。這時候行政院長范匄做夢也沒有想到會出這個大亂子。忽然接到樂王鮒的口頭報告說：

「欒盈打進來了！」

這嚇得他手足無措。樂王鮒却很鎮定地說：

「您趕快陪着平公進入堡壘去！」

於是范匄換上女人的喪服，會同平公，避入固宮。范匄的兒子范鞅牽派去策反了魏絳。

這時欒盈叛部正打到固宮，箭已射入宮門。踫巧的是，欒盈的先鋒督戎中了裴豹的暗算而死了；同時范鞅在策反了魏絳之後，又帶兵反攻出來。双方巷戰結果，欒樂陣亡，欒魴負傷，欒盈敗回曲沃。從此他在曲沃建立了僞政權（等於毛澤東的僞「人民共和國」），和晉國中央對抗，等待齊國的援兵。不料齊莊公爲了內部不和，出兵遲了三個月，中途又被衞國截擊，等到齊兵打入晉國，欒盈的僞黨僞軍已被晉中央軍全部殲滅，曲沃也被晉中央所光復了：這一典型的贗體戰──第五縱隊叛變，在齊軍班師聲中垮台（參見世界最古戰史──左傳和「因國史」）。

四　絻服計

「藩軍計」出現在孔子的兒童時代；「絻服計」則發現在孔子的晚年。

孔子時代名爲春秋時代。春秋時代末年，衞國始終向晉國「一面倒」。上節齊莊公派兵攻晉，支援欒盈，衞國所以截擊齊軍，就是因爲衞國對晉國負有這種義務。欒盈叛變一役，雖然沒有攫奪了晉國，但經這一役，晉國國勢也就逐年下落。至公元前五〇三年，齊國、鄭國和衞國結成了三國同盟，完全獨立了。這是衞靈公辦的一件大外交。晉國爲了對付衞靈公，也計劃在衞國製造欒盈型的傀儡。恰趕上靈公的太子蒯聵，得罪了靈公夫人南子（事在孔子見南子以前），逃往晉國，請求援助去「革」南子的「命」，答應事成之後，撕毀三國同盟。晉國遂收留了他。

到了公元前四九三年，衞靈公死去，他的孫子蒯輒（聵之子）繼位。兩個月後，晉國的權臣趙鞅率領大兵，和魯國的陽虎，護送蒯聵，到達衞國西部的戚城（今河南中牟縣）。陽虎把蒯聵化裝成一個孝子，穿着「絻服」（麻衣），另外派了八個人，穿着「衰絰」（輕孝服），僞稱是蒯輒囑咐來接這位弔客（蒯聵）的。他們哭着喪，騙開城門，晉兵也乘機而入，加以佔領：於是蒯聵割據戚城，成了毛澤東在延安的態勢。

蒯聵的僞政權，和合法的中央相持十二年。這就是孔子的論語裡所痛斥的父子爭衞事件。

蒯聵爲了僞化全衞，又於公元前四八〇年，勾結了他的姐姐孔伯姬和孔伯姬的奸夫渾良夫，進入衞都（今河南衛輝）城外的孔氏花園。夜間，蒯聵和渾良夫化裝女子，僞稱是孔伯姬的親眷，坐在車內，混入都城，到達姐姐的公館。

大家吃了點飯，孔伯姬操着戈，蒯聵和五個奸黨穿着甲，帶着兵器，而且抬着一隻猪，闖入衛國行政院長孔悝（孔伯姬的兒子）的公館，從厠所裡把孔悝㧞持出來，强迫訂約，殺猪爲誓：立蒯聵爲君。蒯輒便流亡到外國去了；蒯聵的僞政權升格爲僞國家，晋國馬上予以「承認」了（參見左傳和「因國史」）。

五　火車計

當第一次世界大戰的初期，德國陷人兩面作戰：西面是英法，東面是帝俄。俄國出兵一百二十萬；德國東線興登堡部隊只有十五萬，處於劣勢。幸好興登堡的參謀長魯登道夫打了一個坦能堡殲滅戰，才得穩定了東部的戰局。但俄國還是不斷來攻，使升任總參謀長的魯登道夫疲於奔命，魯氏遂用隱體戰戰術，對付帝俄。

早在十幾年前，許多俄國「革命黨」如列寧之輩，流亡國外，不斷反對沙皇；德皇威廉就決心利用他們和沙皇搗亂，以削弱俄國，便於德國征服歐洲，於是派遣一個大特務名孔老伯，在美國紐約開設一家銀行，藉口同情「社會主義」和俄國「革命」，由銀行供給列寧「革命」的資本。列寧花着孔老伯的錢，向沙皇「革命」，但並不知這是威廉間接掏腰包的，更不知這是德國對俄國的陰謀。

一九一七年春天，列寧正在瑞士，魯登道夫於是派員裝作德國「社會主義黨」，勸導列寧回國「革命」，用一列封閉着窗櫺的「火車」把列寧、托羅斯基一行，秘密送到芬蘭，偸入俄境，並由孔老伯銀行借予大批金錢和一千多枝手槍。列寧於四月三日夜間到達彼得格勒，積極準備「革命」。十一月七日，托羅斯基展開「看不見的戰爭」，便推翻了克倫斯基（參見本書「隱體戰在俄國的實施」）。

列寧「革命」成功後，遂和德國訂立布列斯特條約，保證三十年以內不對德作戰。——這樁事情，在列寧的主觀上，認爲自己是「革命」，而不知是被德國所利用；究其實際，是魯登道夫隱體戰的成功（參見羅素及魯登道夫著作）。

六　俄帝巧用隱體戰

類似上述的隱體戰，在中外歷史上實不勝枚舉。在近代，俄國人都懂得隱體戰，三十餘年以來，他們也正用這種戰術征服世界。他們隱體戰的統帥部是隱藏在「第三國際」及「歐洲情報局」、「亞洲情報局」美名之下；他們隱體戰的「體」（第五縱隊）隱藏在「共產黨」美名之下；他們隱體戰戰術隱藏在「唯物辯證法」這一「哲學」美名之下；第五縱隊首領隱藏在「主席」的美名之下（例如毛澤東爲僞「人民共和國主席」）；隱體戰的目的（侵略世界）隱藏在「民族解放」及「世界革命」美名之下；隱體戰的政治號召也隱藏在「共產主義」美名之下。俄國人把他的「木馬」送到各國；各國便把牠拖進城來。

今天，我們必須精讀戰史。如果讀熟了戰史，懂得隱體戰這一套詭計，我們進行反共抗俄便易成功。

六　隱體戰在俄國的實施

一　材料的來源

「看不見的戰爭」（隱體戰）在俄國實施的經過（托羅斯基攻擊克倫斯基），載於托羅斯基自傳和「叛亂與革命技術」兩書裡。這兩書都有中文譯本，現在臺灣不易找到。「叛亂與革命技術」是一位義大利新聞記者所著，拔提書店出版。原書第一章「布爾塞維克的革命和托羅斯基的策略」，標題爲「奪取近代國家的方法」。至於托羅斯基雖爲史太林打倒，但這個隱體戰戰例，實足資我們反共抗俄的參考。

二　托羅斯基的戰術思想

托羅斯基是俄國一個梟雄，在一九一七年列寧推翻克倫斯基的戰爭中，為「五人軍事委員會」（或譯「革命軍事委員會」）的委員長。當時列寧的計劃，是在俄國普遍組織「蘇維埃」，領導工人、農民、士兵、學生定期暴動、罷工、罷戰、罷課、罷市，推翻克倫斯基。他自從被德國用閉着窗戶的火車秘密送回俄國之後，自五月開始，便秘密地在克倫斯基「看不見」的地方——彼得格勒的貧民窟裡，化裝工人，積極展開「蘇維埃」的組織工作。其中「士兵蘇維埃」便由托羅斯基負責組織。本來列寧這種作法，廣義地說，也是「一種隱體戰」；但托羅斯基認為列寧的戰術未免迂濶，他說：「一種叛變必須組織起來，暴動隊伍必須加以訓練。只要少數的人；大衆是沒有用的——一個小隊伍便夠用了」（以下所引原文，都見於「叛變與革命技術」和托氏自傳）。又說：「全民太過於笨重，實不適於革命。只要有一個小隊伍，冷靜而强烈，受過革命戰術的充分訓練，便夠。」又說：「我決不以為革命是這麼複雜的。危險的事物常是極其簡單。」所以他公式地說：「革命並不是一種藝術；是一種機器。只要專家把牠發動，發動之後也只有他們能把牠停止。」我們歸納他的意思：他反對列寧的「革命是一種藝術」的說法，不主張由「蘇維埃」領導暴動；而主張使用少數受過訓練的部隊（專家）像開動「機器」一樣，來幹革命。這是托羅斯基的隱體戰戰術思想。我們配合着本書「隱體戰的史例」看，他的戰術確有戰史的根據。

托羅斯基在革命組織「士兵蘇維埃」的同時，個人便以革命技術專家的資格，從「蘇維埃」裡選拔了一千個工人、士兵、水手，組織了一個「衝鋒隊」（第五縱隊）。這個隊伍的組成和怎樣作戰，他並未告知列寧，史太林雖也是「五人委員」之一，托羅斯基根本看不起他這喬治亞的小癟三，當然更不讓他與聞。

三　「隱體演習」

托羅斯基把這組成的「衝鋒隊」分編為三百多個戰鬪小組，每小組有技術工人一二人，士兵二人。例如以電燈廠為攻擊對象的小組，便編入電燈工人一名或二名，士兵一二名；以軍火工廠為攻擊對象的小組，便編入軍火工人一名，士兵二名，純粹依技術觀點作編組的要領。然後開始為期十天的「隱體演習」（原文為「看不見的演習」）

。演習的實況是這樣：「小組的便裝工人、士兵和水手，遊蕩於電話局、電報局的走廊上、中央郵局裡、政府機關和總司令部裡，注意機關的排列，視察電燈電話如何裝置。他們想像着記憶着這些建築物的圖形，研究接到作戰命令後馬上加以佔領的方法。他們考量成功的機緣，估計着對方，找尋國家的技術軍事和公務機關的最少抵抗的地方，最弱而最易受損的地方。」「托羅斯基把彼得格勒的技術機關圖形完全抓住了。戴明柯的水手們，以兩個工程師和若干機房巧匠的協助，把地下的瓦斯管和水管、電力線和電話電報系統完全弄明白了。其中兩人探搜參謀本部的總部下面的溝渠。因之把一個整個區域或僅止一群房屋隔絕之事，應使能於幾分鐘內做到。」演習結果，「托羅斯基便把全城分為若干區，決定那幾個為戰略的要點，把工作按區分配給各小組的士兵和工人。」

這種「隱體演習」在彼得格勒舉行了十天，完全井然有序，種種節目都準確無訛。演習了解情況，情況修正計劃，十天之後，克倫斯基首都的三百多個政權機關，完全陷入托羅斯基隨時可以用每一個小組便加以佔領的狀況。

四　托羅斯基打敗了克倫斯基

第十一天，一九一七年十一月七日，托羅斯基開始隱體戰（「看不見的攻擊」）。這一天，原是列寧決定秘密召開全國「蘇維埃」大會的前一天。列寧預定八日召開這個大會，因為他從五月秘密工作到現在，「蘇維埃」已普遍地秘密地建立起來。他預定在大會上決定革命於某一天開始——即罷工、罷戰、罷課、罷市在某一天開始。開始的日子，還待大家來決定；但托羅斯基在列寧還沒有開會決定日子之前，已下達了隱體戰的命令。當時，由各方秘密到達彼得格勒的「蘇維埃」代表，分別潛居在下處裡、旅館裡、工廠裡、商店裡，等候明天赴會。列寧化裝一個老工人，帶着假鬍鬚，住在威保格工人區，手不停揮地寫他明天對大會報告的演說稿。克倫斯基還在召開國務會議。彼得格勒平靜無事。

七日是一晴朗的大白天，「衝鋒隊」在接到托羅斯基的命令後，「還不到一會……衝鋒隊已經奪取了電報總局和涅瓦河上的橋樑。（佔領這道橋，為得要擔保城市中心和威保格工人區交通線的安全。）戴明柯的水手已經佔住市電氣局、瓦斯廠和火車站……電報總局本是由十名左右警察和士兵防守。戴明柯的三個水手，他們參加過『看不見的演習』（隱體演習），已經熟悉那塊地方，潛入守衛隊中，直入辦公室去，從窗口向街上擲下幾顆手榴彈來，他們便造成了軍警的混亂；兩小組的水手跑上來，佔了軍警的位置，用電報總局的機關槍把守着。」克倫斯基的電報總局，於是變成托羅斯基的電報總局了。其他三百多個機關亦復如是。

「於是托羅斯基奪取了所有公共事業，冬宮（克倫斯基政府所在地）內的各部長是不能統治了，政府辦公處並不工作了，政府已和俄國其他部份隔絕了，種種交通工具都在『衝鋒隊』手中。郊野所有的路都堵住了，沒有人可以離城他往。（但堵路的部隊以及佔領各機關各學校各工廠……的武裝者，却都穿着克倫斯基的制服，人人都以為這是克倫斯基的『兵變』。）總司令部（克倫斯基兼俄國總司令）也隔絕了。」克倫斯基認為列寧已發動革命了，趕快電令軍校學生入衛；但電話打不出去，派多次傳令，也無法通過市街。他設盡千方百計，好不容易地到達了軍校，但值崗的「學生」（也是化裝的「衝鋒隊」）說「奉命任何人不准出入。」他以為列寧已控制了彼得格勒，事已無望，只好逃到黑海艦隊上去。克倫斯基政權從此垮臺。

這時的列寧，看到市街戒嚴，電話、瓦斯、電燈完全斷絕了，以為克倫斯基要「閉門大索」逮捕自己，正準備遷地為良。但也有傳說是「共產黨革命起來了」。列寧的頭腦很混亂：這究竟是怎麼一回事？突然，托羅斯基走了進門，一手扯掉列寧的假鬍鬚，同時說：「革命已竟成功了，請你進入冬宮，召開全國『蘇維埃』大會！」

這是托羅斯基的隱體戰。由他的經驗上，我們可以看到幾個要領：第一、隱體戰的「體」（「衝鋒隊」）必須由有信仰、有士氣、有技術的同志組織而成，而且必須經過「演習」，絕不容用烏合而無訓練的官兵；第二、這個「體」必須精密地「隱」起來，不但對敵人「隱」，便對上級也須「隱」，托羅斯基在戰果未現之前，連列寧也未曾報告過；第三、用隱體戰打擊不懂隱體戰的敵人，其敵人絕不能防禦。

以後，這種隱體戰戰術，由俄國受訓學生普及了全世界，一九一八年以後的所謂各國「共產黨」，就實質上說統通是俄國的「衝鋒隊」（第五縱隊）。他們「隱」在「共產黨」的化裝之下，後來漸漸「隱」在政府官吏、「職業學生」以及「民盟」的化裝之下，在我們內部「演習」了近三十年，等待主子命令一下，他們便奪取了整個的大陸。我們可以肯定地說：俄帝亡華，祇實施了一場隱體戰而已，由托羅斯基戰術的隱體戰變爲史太林戰略的隱體戰。祇怪我們始終不懂，不能事先防備，否則那會上了這樣慘痛的大當！

五　徒弟學會了

史魔使用隱體戰，吞併了我們的大陸，而我們不懂；史魔也早經使用隱體戰，打敗俄國隱體戰創始人托羅斯基。對於托羅斯基，這是一個諷刺；對於我們，這應也是一個教訓。

原來，史太林在俄共裡的地位，遠不如托羅斯基。但史太林毒殺列寧之後，掌握了俄國的政權，首先便把托羅斯基從紅軍總司令的位置上擠下去。托一怒走黑海養病，決定推翻史太林。他仍然使用一九一七年對付克倫斯基的戰術——隱體戰；但他不曉得，史太林在當年托羅斯基打倒克倫斯基以後，已學會了隱體戰。史太林知道隱體戰的可怕，早已精密地佈置了一套反隱體戰的戰術機構。

六　孟進斯基的「組織」

史太林派孟進斯基組織了一個保衞政權對抗隱體戰的機構，名爲「格白烏」。「格白烏」在列寧取得政權之後，原是一個逮捕虐殺白俄的機構；等到史太林親信孟進斯基繼任「格白烏」首領之後，白俄早被殺光了，史太林面臨托羅斯基的威脅。因此孟進斯基的主要工作，是組織一個反隱體戰的「衝鋒隊」，使「格白烏」變質爲對付托羅斯基的武器。

孟進斯基的「衝鋒隊」恰好也是一千八，「大概選自國營公用事業的工人、鐵路工人、機器工人、電氣匠及電報生中，他們唯一的武器是手榴彈和連發手槍……分一百小隊，每隊十八（較托所用者多二倍）。另有二十輛鐵甲車以增強其力量。每一支隊附有半連機關槍手。各小隊和盧比安卡司令部（孟進斯基的指揮部）的交通，由傳令騎兵保持聯絡。這整個組織，由孟進斯基完全管理。孟把莫斯科分爲十個扇形，在各扇形間和盧比安卡間，用秘密電話線的網狀組織爲聯絡，除孟進斯基外，只有裝電話線的人們知道此電線的存在。這樣，所有莫斯科技術機關的重要中心，都用電話和盧比安卡聯成一氣。在各扇形的戰略地點上，有的屋宇是被許多『細胞』或『觀察中心』佔據着，以爲支配及反抗的根據地，這些地方做了整個系統的鐵鏈的鏈環。」（引文均見「叛亂與革命技術」）。

「小隊爲此特殊團隊的戰鬪單位。各小隊都得不斷訓練，使能在指定區域內，無需其他小隊協助，獨立行動。各個人都得對於其本隊的工作及其扇形內其他九個隊隊員的工作，有完全了解。這個組織，依孟進斯基的意見，是『秘密的，看不見的』（卽隱體的）。牠的份子不穿制服，也不佩任何證章。他們爲該組織份子，也約定嚴守秘密。他們受技術、軍事和政治訓練；他們養成恨惡已知或未知的敵人——猶太人和托羅斯基的信徒的心理。」

七　隱體的攻守演習

孟進斯基的「組織」（反隱體戰的隱體戰部隊）——科學的技術團隊，早就組織得很好了，平常時盡力追查托羅斯基爲奪取史太林政權而組織的秘密團體，妥愼監視。但托羅斯基還睡在夢裡，不曉得「徒弟史太林」已靑出於藍了。

托羅斯基準備在自己推翻克倫斯基十週年紀念日，再推翻史太林，藉以慶祝自己。

「大約一千名工人、士兵——托羅斯基的舊黨徒、技術專家和專門工人的小組，在托羅斯基主持之下，早已從事於『看不見的演習』（隱體演習）。」

反之，「孟進斯基的特殊團隊的人們，無論在什麼地方深聽托羅斯基的叛變機械的活躍，都聽得見。孟進斯基試用他力所能及的種種方法，來妨碍他的敵人的行動。」

「鐵路上、電力廠內和電報局的怠工，一天比一天增加了，托羅斯基的黨羽，處處都進去了：他們對於公營事業的各個輪輻都試驗過了。」反之，「當其時，孟進斯基的技術專家，日夜動員，守護着國家的機關，他們也不斷地試驗牠（國家的機關）的效率，牠的反動和牠的抵抗力。」

我們閉目想像一下：兩造都秘密動員了技術人員，做着隱體演習：托羅斯基是隱體的攻擊演習，孟進斯基是隱體的守勢演習，這個啞劇却也怪有趣味的。

八　巧妙的演出

預演完了：隨着便是正式演出。這是一九二七年十一月七日，史太林率領大批新貴，正在紅場上紀念「十月革命十週年」。

托羅斯基「叛變的主要工作，開始是要奪取國家公用事業的總局，接着是要拘捕『人民委員』、『中央委員』和『監察委員』（這裡有史太林在內）。可是孟進斯基對於這個，是完全提防了……他的防禦的戰術，不是把軍隊嚴陣整隊排列於有被攻擊危險的建築物前面，以為保護；祇由少數人藏於屋內，以為防禦。他用『看不見的防禦』（隱體防禦），來抵擋托羅斯基的『看不見的攻擊』（隱體攻擊）。他絕不用軍隊散佈於街城、『人民委員會』、工商托辣斯總局或企業組合和政府行政機關的四週；他集中他的特殊團隊來防守公用事業機關，『格白烏』警察隊却用來護衛着國家政治和行政的機關。」

托發出命令，他的「衝鋒隊」開始隱體攻擊了。

但「衝鋒隊到來了，房子是空的！」托的攻勢落了空。

當托接到報告，「對於電報局、電話局和火車站的突擊失敗了——料不到的不可解的事情發生時，他馬上明白：他的叛變是碰着了一個『看不見的防禦』（隱體防禦）。但是他還不明白事情的眞相。當他最後得到奪取電力總廠的失敗消息時，他突然改變計劃，決定來奪取國家政治的和行政的機關。」

但是，這時他「瞧見他的『衝鋒隊』已給敵人猛烈的突擊所打敗，向各方面逃散。」

托羅斯基就這樣失敗了：他先被史太林囚在黑海，後又被史太林派人用利斧劈死在墨西哥。史太林「以子之盾，禦子之矛」，勝利了。

九　我們應有的認識

隱體戰，讓托羅斯基奪取了克倫斯基的國家；又讓孟進斯基防護了史太林的國家。這兩種經驗，我們都研究過了。我們要應用托的經驗來收復大陸；同時要用孟的經驗來防守臺澎金馬。我們的隱體部隊必須加强，同時將來我們作戰，我們每人最低限度要會把手槍打得準準的，手榴彈抛得遠遠的，會馬上破壞一個機關車一個馬達。總之，人人要學得隱體戰鬪的技術。對於政治戰鬪，我們也要走向技術化一途，每人都要有潛入第五縱隊，拆散第五縱隊，組織「細胞」，搜索情報的技術……以超敵人的隱體戰術去擊敗敵人。

七　俄帝編組隱體戰部隊的祕訣——心理戰術

一　由「搶」變了「騙」

俄國從一五五二年開始侵略我國（距今已達四百零四年），她先用的是笨拙方法：派兵佔領，然後强迫我國政府和她簽訂條約，將被她佔領的地方割讓給她。我國的欽察汗國、喀山汗國、鮮卑汗國（這是明朝的事）、整個鮮卑利亞（過去譯爲「西伯利亞」）、整個中央亞細亞（這都是淸朝的事）、外蒙古（這是民國元年的事）……都是這樣被她「搶」去的。

但從一九二四年起，俄國便改變了侵略我國的方法：原先是「搶」，後改爲「騙」。所用的「騙」術，也就是「祕訣」，祇是「心理作戰」四個字。

現在我們來研究俄國侵華「騙」術——編組隱體戰部隊的祕訣——「心理作戰」。

二　俄式「心理作戰」的特色

「心理作戰」，在一九二四年俄國利用它來侵略我們之前，名為「鬪智」之戰。在俄國使用它以侵略我國及世界之前，數千年來，「鬪智」之戰衹是「鬪力」之戰的補助品。兩國主要還是「鬪力」，就是武力決鬪；不過在「鬪力」過程中，遇機使用「鬪智」，以幫助武力決戰的勝利。我們打開戰史來看，在俄國使用「鬪智」之戰——「心理作戰」之前，還沒有純粹使用它便能達成敗敵全軍，滅人全國的史例。

一九二四年，俄國史太林開始單純使用「鬪智」之戰——「心理作戰」，而且發明了特殊的工具卽戰術。三十年來，俄國運用它，已達成滅國十餘個，奴役人民八億的戰果了。——這十餘個國家是外蒙古(這是我國的蒙古地方)、烏梁海(是我國蒙古地方的一部分)、立陶宛、拉脫維亞、愛沙尼亞、波蘭、東德、捷克，羅馬尼亞、保加利亞、阿爾巴尼亞、東北奧地利、北越、北韓和我們的大陸……俄國每滅一國，必先保留其國名，例如她滅亡了我們的蒙古地方後，名之為「蒙古人民共和國」，滅亡了北韓之後，名之為「朝鮮人民共和國」；但她緊緊掌握着這些國偽的偽「主席」或偽「總理」和偽「黨」「政」「軍」重要人員的心，使他們「一面倒」。

俄國使用什麽方法來掌握這些偽「主席」偽「總理」的心？換句話說，史太林「心理作戰」的特殊工具卽戰術是什麽？

說破了，祇是平淡無奇的「主義」兩個字。——史太林創造的俄式「心理作戰」戰術，在於使用「主義」，以征服他國的人心。他國的人民，信仰了俄國的「主義」之後，在認識上便會認俄國為「祖國」而「一面倒」。這些被俄國「主義」「騙」服了的人民或集團，以推翻本國合法政府為「革命」，以「殺人」、「放火」、「清算」、「鬪爭」、消耗本國國力有利俄國為「革命」，以「一面倒」為實踐了「世界革命」，以代替俄國火中取栗——「竊默」、「反美」、「援朝」、「犯越」為「世界革命」。明明是把本國人民奴役起來為俄國効力，明明是把本國主權、土地、資源奉送給俄國利用，而他們自己還以為這是「解放人民」的「革命」！你說這事怪不怪？——不怪！誰信仰了俄國的「主義」，誰就一定這樣，誰就作了俄式「心理作戰」的俘虜。這在數千年來「鬪智」之戰——「心理作戰」的戰史上，乃是空前絕後的史例。

三　俄式「心理作戰」的工具

俄式「心理作戰」的特色，在於從一九二四年迄今，無時無刻不使用「主義」，並配合多種非武力的工具卽戰術，向世界（含中國）大規模地隱體地展開。「主義」是俄式「心理作戰」的特殊工具，而且確是史太林發明的。

從戰史上看，非武力的「心理作戰」工具計有六種：

第一、美色──這是最早被使用爲「心理作戰」工具的一種。孫武云：「商之興也，伊摯在夏」（十三篇），是說伊尹（摯）使用美色妹喜（桀之妃）；又云：「周之興也，呂望在殷」（十三篇），是說姜太公（呂望）使用美色妲己（紂之妃）。春秋時代，越王勾踐對吳王夫差獻上西施，便改變了夫差對勾踐的認識及滅越的決心，勾踐因而滅吳。楚漢戰爭時，劉邦和項羽的高參項伯「約爲婚姻」（見史記），項伯遂向劉邦靠攏，結果項羽自刎烏江。漢唐以後的「和親」，全是使用美色對敵展開「心理作戰」。

第二、爵祿──

第三、百金──這兩種工具也見於孫武十三篇，足見二千三百年前的兵學家已經知道使用升官和發財，改變敵人的認識與決心。這種史例，更是充滿在歷史中。

第四、宗教──使用宗教工具以改變敵人的認識與決心，在我國當以「舜舞干羽而有苗格」爲最古。「干羽舞」是舜（虞族）的宗教（巫教）儀注。舜使用宗教會感格了苗人。在西亞，可以約書亞使用「耶和華教」（上帝教）佔領耶利哥城爲例（見上文「從耶利哥之戰看大陸淪陷」）。法國拿破侖更盛用天主教以統一歐洲，凡各國天主教徒無不向拿破侖「一面倒」。洪秀全的成功，也在使用上帝教。──史太林爲正教的四級「神甫」，精通此道，乃將馬克斯變爲上帝，將「共產主義」變爲正教，而有下列第六種的發明。

第五、教育──這是法國所發明而經英國長期使用的工具。英法吞併北非及印、緬、越……都歸功於「留學政策」及「教育政策」。

在一九二四年以前，歐洲人（含俄國）向外侵略，大體上說，都是混合使用美色、爵祿、百金、宗教、教育五種工具，以改變被侵略人民的認識與決心。但自一九二四年以後，史太林却發明了第六種工具。

第六、主義——史太林使用「馬列主義」爭取世界各國（含中國）國內的所謂「無產階級」的人心，改變其認識與決心，現已達成十餘個國及八億人的「一面倒」。俄式「心理作戰」以「主義」為中心，以美色、爵祿、百金、教育為配合（在俄國，「主義」即宗教）。

茲舉毛逆澤東為例。俄國先對毛逆宣傳「馬列主義」，同時給予大批「百金」及僞「中華蘇維埃共和國主席」的「爵祿」，並召他到莫斯科受訓即「教育」。這「主義」加「百金」、「爵祿」、「教育」共四種工具，便改變了毛逆的認識與決心，他認俄國為「祖國」，不抗俄而親俄，決心向俄國「一面倒」。此外，北韓的金日成、北越的胡志明……及其他僞「主席」僞「總理」之類，都和毛逆澤東相同，都是俄式「心理作戰」的俘虜品而已。

四　「馬列主義」在「心理作戰」中的作用

從俄式「心理作戰」史上看，「馬列主義」在瓦解敵人的意志，摧毀敵人的觀念上的作用，是極為顯而易見的。毛澤東、金日成、胡志明……等逆何以「一面倒」向俄國？純粹因為他們的心被俄國人爭取去了。若干學者，包括原子彈專家博士，若干政治家，若干青年，若干窮人乃至富人，何以不愛自己的祖國而甘心為俄國効命？我們倘對這問題稍用思考，便知他們之所以走入岐途，資敵賣國，成為千古罪人，民族敗類，確是由於「馬列主義」改變了他們的認識與決心，「騙」上了賊船。

一九一七年到一九二三年，俄國由列寧執政，列寧為人偏激，學問荒疏，把荒唐落伍的「馬克斯主義」，當做黃金，立志在俄國試驗一番，並創立「第三國際」，企圖對全世界推行「馬克斯主義」。他祇是天眞無識；還沒有想着利用「馬克斯主義」作為「心理作戰」工具，在各國編組隱體戰部隊，替俄國吞併世界。

列寧在一九二四年被史太林毒死，史太林篡得俄國政權。史太林的基本思想是「大斯拉夫主義」，下意識地繼承沙皇傳統侵略政策，西併歐洲，南取中東，東侵亞洲，建立「莫斯科中心大帝國」，然後囊括美洲，統一世界。史太林爲了貫澈俄國侵略政策，爭取外國向俄國「一面倒」而成爲衞星國，便發明俄式「心理作戰」（他知此戰術，初亦不知此名詞）：使用「馬克斯主義」及「列寧主義」即所謂「馬列主義」，並配合美色、爵祿、百金、教育，以瓦解敵人之意志，摧毀敵人之觀念，改變敵人的認識與決心。這事始於一九二四年。

三十餘年來，在史太林及其門徒赫魯雪夫等的心目中，「馬列主義」理論上固然錯誤百出，不成思想；但用來欺騙別國，麻醉青年，爭取各國的人心，實爲良好的工具。因之大規模大資本（每年約用四億美金）地對各國宣傳這種「主義」。現在根據這三十年來「馬列主義」發生的「心理作戰」的作用，列爲八點，分析如下：

一、「唯物論」——「馬列主義」的中心，是「唯物論」。在這科學的原子時代，「唯物論」早已不成其爲哲學思想的一種，因爲經過原子核分裂的觀察，證明大至宇宙，小至原子，都是心物合一，即心即物，並非物質唯一，物質至上。但「唯物論」宣傳到各國人士的心中以後，便在認識上發生了改變：甲、原來信仰宗教，承認有神的人；現在反宗教，否認了神的存在。乙、原來心存道德的人；現在反對道德了。例如以忠君愛國爲道德的人，現在便反對忠君愛國。丙、原來是愛護本國文化的人；現在反對本國文化了。丁、原來是理性主義者；現在變成無情主義者。戊、原來是安貧樂道（唯心論）的人；現在變成拜金（物）主義者了。己、原來把人當人待，立法、行政、作戰，還有人道主義的成份；現在把人當作「物」，於是「淸算」、「鬪爭」……無所不用其極。

二、「唯物辯證法」——「唯物辯證法」講：甲、一切唯物，凡物皆變；乙、凡物自身都有矛盾，自身矛盾使物生變；丙、不斷矛盾，故不斷變化，不斷變化，故物越變越好云云。這本是馬克斯爲了替他所謂「階級鬪爭」、「世界革命」找歷史的根據而妄造的學說。這一學說被各國人士接受之後，認識上便發生改變：甲、忠貞的人會想到叛變。乙、安於現實的人會想到突破現實。丙、原來以爲社會是整體的；現以爲社會是階級的，對立的。丁、原來是痛心分裂的；現贊成鬪爭。戊、原來以和平爲幸福，以戰爭爲災禍的；現以戰爭爲社會必經之路，以和平爲絕無其事。己、原來是謙謙的君子；現變成暴戾的小人。庚、原來是孝子或賢妻；現變成忤逆或潑婦了。

三、「唯物史觀」——馬克斯以為歷史的基礎是「生產關係」，他稱「生產關係」為「下層基礎」，認為政治、法律、文化、倫理、宗教為「上層構造」。他主張如欲改良政治、法律……不能在政治、法律本身着想，必須改變「生產關係」云云。這是他為所謂「階級鬥爭」、「世界革命」創立的理論根據。純屬空想，並非史實，而且也無從試驗。這一思想經俄國宣傳給各國人士之後，在意識上也立刻發生變化：甲、原來以為政治、法律、文化、倫理、宗教是獨立存在的事物；現認為政治、法律、文化、倫理、宗教乃是「生產關係」（經濟制度）的派生物。乙、原來以為政治、法律、文化、倫理、宗教乃一成不變的事物；現以為這些全隨着「生產關係」的變化而變化。（這經俄國試驗了三十餘年，結果證明完全不確：俄人以為由她現行的「生產關係」（經濟制度），可以派生出理想的政治、法律、文化、倫理。結果，她們的政治變成獨裁，法律變成無人性，文化日趨貧乏，倫理異常乖戾。但某些俄國人——由現在俄式「生產關係」中產出的青年俄人，卻仍保持一般的人性，向鐵幕外逃亡。）丙、原來有志改革政治者，便從政治上着手，有志改革宗教者，便從宗教着手；現在認為非根本改造經濟——推翻現存「生產關係」（社會及世界社會），一切無從說起。

四、「剩餘價值說」——馬克斯以為一件商品（例如一桶水）之所以有價值（例如一桶水值五角錢），是因為這商品裡有了勞力（例如水是工人擔來的）：故他說商品的價值全出於勞力（例如水在井中便不值五角錢）。這本是馬克斯以前的勞動價值說，偏激無理，早已被人駁倒。由此勞動價值說，馬克斯改為「剩餘價值說」。——他說商品所以值錢，因為商品中有了勞力；但勞工出勞力，使這商品發生了價值，而勞工所得的工資，卻不等於這商品的價值。他說一件商品的價值譬如是五角，工人只得到一角，其餘四角是被老板吞沒而成「利潤」了，他名此四角為「剩餘價值」，主張勞工必須向老板索取五角，他如不給，便可揍他，這就是「勞工革命」云云。馬克斯拾人家的臭牙慧，創出這種無理的學說，早也被人駁得體無完膚。但俄國將這一學說販到各國，一些無知識無理性的人們的認識便被改變了：甲、原來本是滿意老闆所給工資安份工作的人；現以為這僅是自己勞力的一小部份報酬，其大部則是「剩餘價值」已被老闆吞沒而成為「利潤」了。乙、一般智識人士公教人員，則以為自己所賺的薪餉也僅是自己勞力報酬的一小部份，其大部份則已被長官當作「剩餘價值」而攫爲升官發財的資本——「利潤」了。

五、「階級鬪爭說」——馬克斯發明上述四種學說，都爲了「階級鬪爭」。他本是猶太人，熟讀猶太祖傳的「弟兄攻擊弟兄，鄰舍攻擊鄰舍，這城攻擊那城，這國攻擊那國」（舊約以賽亞書第十九章）這套「耶和華辯證法」，立志搞起全世界的「階級鬪爭」。這一學說經俄國當作「心理作戰」工具傳入各國之後，各種人士在意識上立刻發生改變：甲、原來是安於現實的人；現在則要推翻現實了。乙、原來認爲現存「生產關係」是天然關係；現以爲必須打破這種關係了。丙、原來以爲工資自然增加；現認爲非經「罷工」、「鬪爭」乃至「殺人」、「放火」，不能增加。丁、原來以爲政府和人民要和，長官和部下要睦；現以爲要「鬪」。戊、原來以爲打倒帝國主義是殖民地人民獨力奮鬪的事；現以爲非參加俄國領導的「世界性階級鬪爭」不可了。

六、「國家論」——列寧著「國家與革命」主張「國家是統治階級的工具」，他說：今天的「統治階級」是「資本家」，讓「資本家」愛國好了；至於「無產階級」則不必愛國，愛國便是幫助「資本家」，還說什麼「階級鬪爭」？「資本家」消滅了，國家也便隨之消滅云云。列寧這一妄說完全不合歷史，不是眞理。俄國人自己早已不提它，但却大量向外國輸出。各國人士一經接受這種學說，認識立刻變化：甲、原來以爲國家是永久存在的；現以爲國家也必消滅。乙、原來以爲國家乃保護人民的；現以爲「國家是統治階級的工具」。丙、原來認爲愛國乃是一種道德；現以爲愛國便是對「統治階級」投降。

七、「帝國主義論」——列寧著「帝國主義論」，主張「帝國主義乃資本主義的最高階段」，他以爲今天祇有「資本主義」國家才是「帝國主義」，反「資本主義」國（俄國）便不是「帝國主義」云云。各國人士一經接受這種宣傳，認識立卽發生改變：甲、原來以爲「帝國主義」僅指凱撒、成吉思汗、拿破崙、大彼得及威廉；現以爲俄國已是「共產主義」，不會再有大彼得了，並以爲俄國正用「共產主義」以推翻「產本主義」卽打倒「帝國主義」而成爲弱小民族及殖民地的「解放」者或援手者了。丙、俄國侵華四百年，乃人所共知的「帝國主義」；但毛逆澤東却以爲俄國不是「帝國主義」。

八、「世界革命論」——馬克斯提倡「全世界無產階級聯合起來」，高喊「工人無祖國」，史太林則說「蘇聯是世界革命根據地」。信仰了上述所謂「世界革命論」的人士，認識立刻發生變化：原來以爲工人屬於自己的國家，工人也應該愛國；現在以爲工人屬於自己的階級，不必愛國。乙、原來以爲俄[illegible]世界一千餘年（自八六二年俄國建國算起）；現在卻已變成「世界革命根據地」了。丙、原來以爲本國對[illegible]攻，自己便不應再和俄國勾結；現在以爲本國對俄絕交乃本國「統治階級」的行爲，自己既爲「無產階級」，還[illegible]和俄國「無產階級聯合起來」。丁、原來以爲和俄國往來以至將情報送給俄國，乃是間諜，乃是叛國；現在以爲[illegible]使[illegible]原子秘密送給俄國，也屬於對本國「統治階級」的「革命」，也便是效忠「世界革命」。

我們要知道：史太林及其門徒，三十多年不惜工本大張旗鼓對世界（含中國）宣傳「馬列主義」，戳穿秘密，原來爲了改變各國人士的認識，瓦解各國軍民的意志，摧毀各國人士的觀念——爲建立「莫斯科中心大帝國」而搞「心理作戰」罷了！什麼「革命」？什麼「世界革命」？完全是騙人的口號！

各國的糊塗蟲，即如毛澤東之流，本是土包子，被開除的師範生，有何軍事常識？懂得什麼俄式「心理作戰」（何況那時還沒有這一名詞）？一經俄國人對他們宣傳「馬列主義」，開頭覺得新奇，接着覺得開胃，隨後便被催眠：反宗教，無神論，反道德，反文化，無情，拜金，把人當「物」；叛變作亂，突破現實，重視階級，贊成鬥爭，樂戰，暴戾，忤逆，潑辣，否定國家、政治、法律、文化、倫理的獨立存在性，主張推翻現在「生產關係」；「殺人」、「放火」、「鬥爭」政府，反對愛國，勾結俄國，以爲擁護中央便是對「統治階級」投降；對俄國「一面倒」是效忠「世界革命」。——這般人對數千年來祖傳的合理的道德的人性的有歷史性的認識，被俄式「心理作戰」一概推翻，心神喪失，觀念變化：於是成爲俄國的精神俘虜，心安理得（但係奸心逆理）地作了俄國的爪牙——第五縱隊。同時，俄國再給他們美色、爵祿、百金、教育，不要說無識的如毛澤東，便是上智的人（假如他不懂俄式「心理作戰」的巧妙），也很難逃出俄國人的魔掌。

以上所述，便是「馬列主義」在「心理作戰」上的妙用，這純粹是史太林發明的。其後傳入日本，日本便宣傳

「王道主義」、「新民主義」……到我國來搞出溥儀、王克敏……一般精神的俘虜，成立僞「滿洲國」、僞「華北國」……以侵略我國；又傳入意大利，莫索里尼也倡出「法西主義」，對南歐「心理作戰」；又傳入德意志，希特勒也創造一「納粹主義」，對歐洲「心理作戰」，製造了漢倫、吉士林……這些傀儡，向德國「一面倒」。

五　我們應有的警覺

今天世界的恐怖局面，比諸二次世界大戰前還要增加百倍，這完全是由俄帝一手製造而成。而這種局勢，又爲俄帝運用其「馬列思想」「共產主義」爲武器，而不斷以「解放」、「和平」等冠冕堂皇的口號作掩護，配以滲透、分化等手段的心理戰所造成的結果。國際間各自由民主國家迄仍未澈底覺悟，這是很危險的事！今天我們爲拯救世界人類，必須向世界人士揭破俄匪這種秘密，以警醒友邦。尤其當我們今日正處於保衛臺澎金馬，反攻大陸之際，更必須先懂這種俄式「心理作戰」的秘密，以堅定我軍的意志，提高我軍的鬪志；一方面向逆帮揭示這個秘密，以改正他們的錯誤認識，喚起他們的民族意識。

八　從越南二度淪亡談隱體戰

一　歷史重演的道理

法軍自前年十月八日起，完全退出河內，從此北緯十七度以北的越南，表面上落入越奸胡志明手中，實際上是淪陷到俄帝的手中了。這和三十八年以後的中國大陸，表面上落入毛奸手中，實際淪陷到俄帝的手中，是一般無二的。也和八十年前，越南表面落入越奸阮文祥等手中，實際上是淪陷到法國手中，一樣的情況。八十年前，法國用隱體戰，取得了整個的越南；八十年後，俄帝又使用當年法國相同的戰術，從法國手中取得了一半的越南。

歷史確是重演的：八十年前法國由中國手中取得越南；八十年後俄帝又由法國手中取得了越南。八十年前越南出了黎巢、阮文祥之流；八十年後越南又出了個胡志明。歷史爲何重演？則由於隱體戰戰術未變的原故。

二　法國的隱體戰思想

隱體戰（即「看不見的戰爭」）這一名詞雖是托羅斯基發明的；但在西洋，我們可以追溯它的歷史到舊約時代。舊約這部書雖是宗教書，但就兵學的觀點看，它實是希伯來人對埃及、迦南、非利士的戰史。在本書「史太林運用了摩西戰術」中巳經說過，在這裡特再重述舊約上的隱體戰。

三千多年以前，希伯來的民族英雄摩西領導希伯來人反抗埃及的統治，因而發明「激動埃及人攻擊埃及人」的戰術，記於舊約以賽亞書十九章，云：

「看哪！耶和華乘駕快雲，臨到埃及；埃及的偶像在他面前戰兢，埃及人的心在裏面消化。『我必激動埃及人攻擊埃及人：弟兄攻擊弟兄，鄰舍攻擊鄰舍，這城攻擊那城，這國攻擊那國。埃及人的心神，必在裏面耗盡。我必敗壞他們的謀略。……』這是主萬軍之耶和華說的。」

上文應加說明：所謂「耶和華乘駕快雲，臨到埃及」，戰術的意義便是摩西的心理戰在埃及秘密進行着；所謂「埃及的偶像在他面前戰兢，埃及人的心在裡面消化」，戰術的意義便是摩西心理戰打敗了埃及人的戰志（人心士氣）；所謂「埃及人攻擊埃及人」，戰術的意義便是隱體戰了。舉例說明：僞「中華人民的解放軍」攻擊國民革命軍，表面上看，不是中國人打中國人麼？若向內面看即透過「隱」處，看其本「體」，正是俄帝使用隱體戰，藏在僞「中華人民解放軍」的背後，「激動」他們來打國民革命軍；「越盟」攻擊越軍，表面上看，不是越南人打越南人麼？若向內面看，正是俄帝使用隱體戰，藏在「越盟」的背後，「激動」他們來打越軍。

法國人接受舊約隱體戰思想最早，從拿破崙時代便用之於侵略歐洲（拿破崙戰爭）的戰爭中。到十八世紀三十年代，當我康熙五十九年（一七二〇）以前，法國的隱體戰已「乘駕快雲，臨到」越南；到我乾隆十八年（一七五三），法國已達成一部用「埃及人攻擊埃及人」的目的——引起「西山黨」阮文岳、阮文惠對嘉隆王阮福映一幕

「弟兄攻擊弟兄」的戰爭：嘉隆王成為今天的胡志明，奉送土地給法國了（維薩里條約）。

法國當年使用的隱體戰，是用「宗教」吸收「教民」；然後給以金錢軍火，組織「軍隊」，反抗越南的中央政府；到這「教民首領」打倒中央後，法國人再承認他的地位，因而法國實際取得了越南。一切在「隱」蔽狀態下進行，不單越南老百姓不懂這是法國人的陰謀戰術；便是被法國人玩於股掌之上的「教民首領」，也不懂得這是法國人的陰謀戰術。這和學會了托羅斯基隱體戰的史太林，用「主義」在各國吸收「黨員」；然後給以金錢軍火，組織「軍隊」，反抗本國的中央政府；到「共產黨」打到中央後，史太林再承認他的地位，因而俄帝實際取得了戰果，眞正是一模一樣。

三　僞「黎興黨」之亂

越南嘉隆王阮福映卒後，子明帝阮福皎即位，和法國翻臉，把一班名為神甫實為隱體戰指揮者的法國人趕走。其後紹治帝阮福暶、嗣德帝阮福時，繼續反法，演變到我國咸豐六年（一八五五）越南對法國絕交。以上共計一百二十餘年，可以說是法國不斷使用隱體戰，在越南用「宗教」吸收「教民」，用「越南人攻擊越南人」；而越南方面已在警覺了。

但已遲了。法國天主教「教民首領」黎興（越籍），多年以來，在法國金錢軍火培植之下，勢力業經坐大。我國咸豐七年（一八五六）僞「黎興黨」嘯聚「教民」，佔據南定、興安兩省，高呼「保教」（保護天主教）。實際上是法國以越南「教民」自動從事「宗教戰爭」為名，對阮朝展開了隱體戰：表面是「內戰」，內容是法國侵越戰。

這在越南史上稱為「黎興黨」之亂。僞「黎興黨」倚法為援，與法呼應，叛亂四年，割據廣安、海東、北寧、寶光、大原等五省，「黨員」二十餘萬。使越南阮朝軍（中央軍）疲於奔命：終於不得不和法國簽定西貢條約，犧牲了土地和軍費，並承認「黎興黨」事實上的地位，由「黨員」出任各省的官吏。這和今天越局對比起來，黎興便是胡志明。若和我國局勢比起來，便是「中蘇三十年友好同盟條約」簽字後（民三十四年八月十四日）的模樣。

四　「教徒」、「通言」、「英豪會」和「遊棍黨」

梁啓超先生「越南亡國史前錄」引越南東宮×××皇太子×××××侯、巢南子所著「越南亡國史」（附見飲冰室叢書第九種）云：

「當國之未夷也，爲之倀者，謂有私利也，從而導之，其一則教徒，其一則通言之輩也。」

這種「教徒」（今天大陸上之所謂「黨員」）據同書載爲佔全人口十分之一。當時越南人口，據梁氏的「越南小志」稱爲二千萬人；那麼十分之一已是二百萬人。這樣多一大群奸黨，數目眞是驚人了。

其次則爲「通言」（一名「通寄」）。巢南子所著書云：

「（法）初取越南時，他極以甘言恃賞誘越人，又以美官厚俸餌越人。他所行種種惡狀，嗾越人爲之獵鷹，如阮紳、黃高啓輩——其搏噬如意者，爲越國中猴面無義無行之惡棍，實越人平素所不齒；法人却極尊崇之，如武允迓以一通言至總督協辦，其他督撫名祿、督撫名芳，皆爲法通言，助桀爲虐者。法人種種惡棄，先以意指授此奴輩，欲東嗾之東，欲西嗾之西，此輩奔走不遑，法人坐享其利。」

「通言」就是今天大陸的留俄派劉少奇、張聞天之輩，也就是胡志明一流。位至「督撫」，可謂天字元號的奸黨了。這全是「教徒」，和法國人搞久了，才「通」法「言」的。按：阮紳廣義省人，父親是伯爵；黃高啓中過解元，都是越南的知識份子，只因中了「教迷」，以爲親法有私利，便作了法國的工具——法國人用他們打出隱體戰來。一如今天的胡志明，中了「主義迷」，以爲親俄有私利，便作了俄帝的工具——俄帝用他打出隱體戰來。——表面是胡志明「革命」，內面是俄帝取得了半個越南。

其次，還有一種「英豪會」的組織。巢南子原書載：

「法人選民間猾豪姦魁鄉曲所厭惡者，每地方二三人，名曰『英豪會』。月二禮拜日，會於公使堂，指畫利路，某處有某款宜征取，某事有某利宜收拾。法人虎也，此輩爲之倀。此輩人無學問，無心術，驅之作惡，如蜂得甜，這是法人最善用人處。」

「英豪會」眞是今天大陸深入民間的匪幹小組了，並已有了「黨」名。巢南子在「英豪會」下自註云：「其名至美」。按：其名當然至美，美名乃能引人入奸：蓋稱之曰「英」，英雄呀！稱之曰「豪」，豪傑呀！正給那些「無學問，無心術」的「猾豪姦魁」一種偉大的自尊。本來這種人是「鄉曲所厭惡者」，心中早已結成自卑情結；忽然給他一個自尊，他便能甘心效死，無惡不作。例如今天大陸的「猾豪姦魁」地痞流氓，忽然由俄帝那裡獲得「革命」、「前進」、「勞模」、「農模」，解開他們的自卑情結，自便發展到匪幹上去了，這是一種高級心理學的應用。

「英豪會」之外，另有一種「遊棍黨」，一名「密魔邪」，越人呼之為「瞿列兵」。由越南人中選出。巢南子云：「法人補給那『密魔邪』兵時，須擇那個無父母無兄弟無家室無產業的惡棍，又察他面貌，果然是極兇極狠極貪極譎的，方許選到。選到時，法人喚那惡棍向天罵一聲，又喚那惡棍呼他父的諱名罵一聲，法人乃欣欣懽懽，以重金賞那惡棍，引惡棍入隊。法人謂如此無所忌憚，巡捕偵探方能得力。」這眞是大陸匪幹的鏡子——不，匪幹是「遊棍黨」的翻版。匪幹正是由「無父母無兄弟（按：無倫之人）無家室無產業」（按：所謂「無產階級」）中被選出來的，面貌心術也正是「極兇極狠極貪極譎」的；入「黨」之後，先打倒朋友，更打倒祖國，也和「向天罵一聲」，「呼父母的諱名罵一聲」相同。消滅了他的人性，養成一種變態心理，仇恨一切。今天的「越盟」自然也不會例外。

五　武力戰與隱體戰之配合展開

法國在一百年來既然利用「宗教」、「百金」、「爵祿」，在越國內上中下三層組成越奸，以為內應；到我同治元年（一八六二），拿破崙第三便大舉攻越南，佔領下交趾北部的邊和、嘉定、定祥三省，凡此區內的「教徒」和「教民」，紛紛響應，被編為「習兵」（即大陸的「人民解放軍」和越北的「越盟軍」）、「英豪會」和「遊棍黨」，以越南人的名義進攻越南祖國，仍美其名為「保教」、「清君側」！至我同治八年更佔去下交趾南部的昭眞、永慶、河仙三省。

我同治十三年，越南嗣德十五年（一八七四），越南王（嗣德帝）阮福塒內迫於奸軍，外敗於法軍，和法國簽定西貢和親條約，法國取得了越南的外交權、領事裁判權、駐兵權，並割去一省。我光緒九年（一八八三），法兵又打敗越兵和我國黑旗軍劉永福，直逼越都順京（順化）城下，結成順化條約。依條約規定，越南的主權完全喪失了。

這時越南王是咸宜帝，在法軍撤退後，便拒不批准順化條約；清廷也不承認西貢條約和順化條約。次年（一八八四）中法戰爭開始，我援越大軍敗績，越南兵亦潰，紅江下流全部淪陷。四月，李鴻章和法將布爾尼訂立預定締和草約，承認西貢條約和順化條約為有效。但法國非一舉淪越南為亡國不置，六月，中法戰爭大規模展開，我南洋艦隊全滅，福州、臺灣相繼失守。英使巴夏禮奉令調停，次年（一八八五）中法簽訂天津條約，越南從此亡國。

當越南王嗣德帝阮福塒抗法時（一八六二——一八七四），法國除在佔領區編組「習兵」、「英豪會」和「遊棍黨」之外，並在越南朝廷裡也佈置下重要的隱體戰人物，巢南子云：

「嗣德時，有姦臣陳踐誠、阮文祥當國。此二人者，俱虎狼面目，狐猾肝腸。文祥比踐誠更甚，善於逢迎掩飾，深得主上心，嘗蓄篡奪之志。因國政內腐，法虜外窺，知法勢强盛，遂借外交手段，脅制朝廷，以陰行己志。彼為機密院大臣，每有機密輒先洩於法；法人亦以重賂餌之。凡交通英德等事，皆為祥所敗露。」

阮文祥是法國隱體戰中負外交方面的責任者——在越南立場，他是越奸。到越南王咸宜帝時，即中法戰爭中越軍大敗，法軍直撲越都城下時，阮文祥又成為法國隱體戰中負軍事方面責任的越奸了，巢南子云：

「順京失守時，文祥實引法兵入城。阮福說出兵迎敵，使人向祥乞濟師；祥卻向法營通信，絕彈藥弗給。城遂陷！」

這個阮文祥，和我國古代的石敬瑭、張邦昌、劉豫，有何分別？

七十年前，我光緒十一年，越南建福元年，西一八八五年，中法天津條約訂立之年，法軍在武力戰和隱體戰配合之下，完全滅亡了越南。咸宜帝被擄，囚於非洲，法國扶植一個傀儡——成泰帝。越南亡國後，游擊隊蠭起勤王，「南圻、北圻諸省，以至山邊海徼，漢族（按：請注意漢族二字）、清蠻，無處不揭竿斬木，與法人拚生。久者二十年，近者亦一二載」（巢南子「越南亡國史」）。但都被越南的奸黨率領奸軍（「習兵」）和法兵協力，先後蕩平：如武有利被阮文豹（有利的同學）所賣；宋維新被高玉醴（維新的門吏）所獲；阮效和潘伯駘被阮紳（名見本文四段）所陷，潘自殺，阮就義；黎忠庭也被阮紳所害！熟讀舊約戰術的法國人，僅用「宗教」、「百金」、「爵祿」，小試心理戰、隱體戰，便達成「埃及人攻擊埃及人，弟兄攻擊弟兄，鄰舍攻擊鄰舍，這城攻擊那城」的戰果。

六　今昔比較

俄帝為了問鼎西南太平洋，從一九一八年起，咒動「共產主義」（「宗教」）、「民族主義」，「乘鶴快婿」、「臨到」胡志明身上，胡志明輩「在他面前戰競」，越南「人的心在裏面消化」。直到毛澤東為俄帝打開「金錢」、「軍火」接濟胡志明的道路，「越盟軍」遂告組成，用了五年的工夫，俄帝侵略的「體」被「隱」入「民族解放戰爭」之中，打得法越落花流水，英美張皇失措，十七度以北的越南到底落入俄帝的掌握了。

現在我們要問：俄帝能在十七度線上止步麼？

其實法國對這問題早已作了答案：西貢條約後，法國有隱體戰可打，並未止步；這次俄帝有胡志明可用，也不會止步的。——俄帝要利用胡志明佔領全部越南。成不成是一問題；但俄帝一定幹下去。

現在我們再問今天俄帝的隱體戰和八十年前法國的隱體戰完全相同麼？

我們可以答復：俄帝的戰術比起當年法國毒辣多了。法國還得用武力戰和隱體戰配合進行；俄帝便完全使用隱體戰，而不須親自出兵越南。

隱體戰本是一個戰術；到俄帝手中却更進一步，成為戰略了。

九　國際匪幫侵略戰術

一　何謂國際匪黨？

我們的領袖　蔣總統於三十八年四月十七日，發告「告全國同胞書」，正式宣布說：

「中共是國際第五縱隊」！

並昭示我們說：

「剿滅共產國際的第五縱隊——共匪，策進中華民族的復興」！

又在同年十月九日，發表「爲俄國導演北平傀儡組織告全國同胞書」說：

「中共爲莫斯科共產國際的間諜，不是中國國內的政黨」。

領袖這些訓示，具體地告訴我們：所謂「中國共產黨」，並不是中國國內的政黨，所謂「人民解放軍」，也不是中國國內的軍隊；他們實是俄國在我國就地編組的「第五縱隊」，受莫斯科指揮來幹間諜工作（情報、游擊、破壞、賣國）的。換句話說：朱毛一帮人乃是受俄國（「第三國際」）指揮的「國際匪帮」。不是土匪，而是俄匪。第五縱隊是民國二十八年西班牙國民軍在首都馬德里內部秘密編組的情報、游擊、破壞部隊，其後成爲一個專用名詞，凡在敵人內部編組情報、游擊、破壞、賣國部隊，都名之爲第五縱隊。俄國人在我們中國之內編組朱毛這枝武力，是要求他們在中國之內替俄國作情報、打游擊、幹破壞，最後出賣中國的，所以　領袖名他們爲第五縱隊，是再正確也沒有的名詞了。第五縱隊又名「國際匪帮」。

今後，每一位官佐戰士，一聽到毛匪、共匪、匪軍字樣，我們心裡一定要明白這種匪不是土匪的匪，而是「國際匪帮」的匪。這一點非常重要，因爲我們如果明白他們是「國際匪帮」，則我們打他們，便是爲國家而戰，爲民族而戰，爲生存而戰，爲文化而戰；我們打他們是救國對賣國之戰，救民對殃民之戰；若我們單單以爲他們是土匪，則這是內戰了。打內戰，不能提高士氣。這一點我們黨政軍人員都要明白，而且要告訴群衆的；尤其我各級帶兵官，必須把這一點詳細向戰士說明。

二　斯拉夫民族的由來及其特質

俄國這個國家是由海盜領導奴隸所建立的國家。大家都知道，俄國乃由斯拉夫民族所組成。斯拉夫的原文是Slave，它的意義就是奴隸。一千多年以前，他們沒有民族名，被希臘人買去作豬仔，再販賣到埃及和地中海一帶去換錢，因此這群沒名的人被稱爲斯拉夫。久而久之，斯拉夫便成爲這群人的民族名。

公元八六二年，這群奴隸——斯拉夫人住在今天聶伯河以西，還沒有到莫斯科，沒有組織，缺乏武力，不成國家。這一年有北歐瑞典海盜盧列克，率領大幫海賊，掠擄斯拉夫，並在基輔建都，才有俄羅斯（Russ）這個國名，我們減寫爲俄國。這一年起，海盜統治奴隸，創造了海盜與奴隸的文化，所以一千年來，俄國對外是海盜作風，以侵略爲國策，對內是奴隸作風，以獨裁與服從爲民性。

俄國開始是向東南北三方面的蒙古人——解卑人進行侵略，佔領了蒙古人——解卑人的烏拉特地方，於十二世紀建爲俄國的首都，今名維拉地密爾（蒙語烏拉特公中）；嗣後佔領了莫斯科（蒙語冰河），於十五世紀作爲俄國的首都。又向西侵略，於十八世紀吞併了波蘭。十六世紀時，俄國吞滅了蒙古人的欽察汗國，首都在今薩拉多夫，蒙古人名之爲薩萊。一五五二年，俄國人侵略到烏拉山以東的鮮卑利亞（舊譯「西伯利亞」）。鮮卑利亞即鮮卑地方的意思。鮮卑人和蒙古人同是中華民族裡的宗族，鮮卑地方實是中國的領土。到一六八九年，俄國人已侵略到我們的黑龍江來了。十九世紀到二十世紀，俄國整個計劃是東侵中國，西吞波蘭，南征土耳其。

俄國當年征土耳其是用兵打，但被英土聯軍打敗了。他吞波蘭是用「主義」打，宣傳「大斯拉夫主義」，在波蘭內編組波蘭斯拉夫人，名爲「王黨」，奪取政權，向俄國「一面倒」，也沒有搞得多久。他侵略中國是外交、軍事、「主義」三管齊下：用外交迫我們簽訂不平等條約；用兵佔領我們的鮮卑利亞、中亞、新疆、東三省和外蒙古，用「『主義』」分化外蒙古曾布尊丹巴活佛，賺之『自治』、「獨立」、「建國」。從一五五二年到一九一二年（民國元年），俄國一直是侵略中國。

三　朱毛怎樣做了「國際匪」？

任何人都不願意爲匪，尤其不願意替俄國人作進攻祖國的「國際匪」。朱德爲四川籍的中國人，講武堂畢業，毛澤東爲湖南籍的中國人，師範學校修業，何以甘心情願替俄國人作「國際匪」呢？這是一般人所不明白的，以爲我們是糟蹋他們。其實不然。

現在，我們用極通俗的方法，來解答朱毛怎樣做了「國際匪」。

民國七年，俄國政權由海盜落入奴隸手中，「奴隸得志，駡過主人」，因之列寧和史太林等魔奴，侵略中國比過去的海盜更兇——他們決定吞併全中國了；他們也比海盜聰明，知道用外交侵略太緩，用武力侵略不能掌握中國的人心，遂改變當年的「大斯拉夫主義」，爲「馬克斯主義」，像對波蘭編組僞「王黨」一樣，在中國編組僞「中國共產黨」，奪取政權，向俄國「一面倒」。

當年波蘭「王黨」信仰了「大斯拉夫主義」，自己以爲是「革新政治」，「俄波統一」，其實是出賣了祖國波蘭。當年外蒙古活佛信仰了俄國所倡的「民族獨立主義」，自己以爲蒙古民族是自決了，其實是斷送了蒙古。（哲布尊丹巴於民國六年覺悟了，電北京政府，取締「獨立」，我遂派徐樹錚收復外蒙。）

民國八年到三十八年，三十年間，俄國到中國來宣傳「共產主義」，組織僞「中國共產黨」，朱毛等人以爲信仰了「共產主義」，乃是爲了「革命」，加入「中國共產黨」，亦是爲了「革命」，那裡知道自己已和波蘭「王黨」及外蒙活佛一樣，從此就變成俄國國際體戰部隊——第五縱隊，斷送了祖國中國呢？

朱毛信仰了俄國宣傳的「共產主義」，加入了俄國組織的僞「中國共產黨」，他們的靈魂和肉體便不自知不自覺地落入了俄國人的掌握。譬如孫猴子法術神通廣大，但他一旦信仰了唐僧教，改名悟空，一到唐僧念起「緊箍咒」來，他只好俯首帖耳，供唐僧驅策，他還以為這是為了信仰而效忠師父，其實他已作了唐僧的工具（那當然是好工具）。朱毛等人亦然。他們以為信仰「共產主義」乃是為了「革命」；豈知「革命」二字正是俄國人的「緊箍咒」，他們叫朱毛送情報，說這是「革命」；叫朱毛打游擊，說這是「革命」；叫朱毛破壞政府、破壞交通、破壞金融、殺人、放火、清算、鬪爭，說這是「革命」；叫朱毛內應俄軍、奪取大陸、奉獻主權、割讓領土、供給物資、徵發奴隸、「抗美援朝」……也說這是「革命」。如果不「革命」就是「反革命」，俄國人便要殺他們的腦袋了。這樣，朱毛便作了俄國人侵略的工具。孫猴子幫助唐僧取經；毛猴子幫助老毛子「取土」——取中國領土變為俄國領土。

毛澤東便是如此這般地做了「國際匪」。作了「國際匪」必向俄國送情報，故 領袖指明他們是「莫斯科的間諜」；作了「國際匪」，必替俄國打游擊，破壞本國的政府，所以他們是漢奸；作了「國際匪」必向俄國「一面倒」，所以他們是賣國賊。

四　毛澤東和溥儀、王克敏、汪精衛

凡本國人信仰了外國的「主義」，參加外國人所辦的「黨」，則必成為外國的間諜，本國的漢奸賣國賊。俄國人懂得這個「秘訣」，所以對波蘭宣傳「大斯拉夫主義」，結果是瓜分了波蘭，對我外蒙古宣傳「民族獨立主義」，結果是奴役了外蒙古。對中國宣傳「共產主義」，三十八年毛澤東也出賣了大陸。

這方法被日本人學習去了。現在我們來講三個日本故事，對照日本故事看起來，便更明白毛澤東怎樣作了「國際匪」。

第一個故事發生在民國二十一年到三十四年。先是，民國八年起，俄國對中國宣傳「共產主義」，民國十年七月一日，俄國人在中國辦起偽「中國共產黨」，毛澤東任偽「第一屆中委」，民國二十年十一月七日，俄國國慶日，俄國命令毛澤東成立偽「中華蘇維埃共和國」，毛任偽「主席」，建「都」瑞金；但日本特務土肥原一看便明白了：這是俄國假借「革命」的美名，騙得毛澤東作了俄國侵華的工具。

在俄國對中國宣傳「共產主義」的時候，日本人也對中國宣傳「大東亞共存共榮」，也可以說是「共存主義」。到民國二十年九一八，日本軍佔領了東北，土肥原便宣傳「王道主義」，同時仿照俄國組織偽「中國共產黨」的辦法，土肥原在東北也組織了偽「協和會」（黨）。俄國於十一月七日組織了偽「中華蘇維埃共和國」，派毛澤東任偽「主席」；土肥原也在次年三月一日，組織了偽「滿洲國」，派溥儀任偽「執政」。二十三年，偽「執政」升格為偽「皇帝」。土肥原為偽「滿洲國」編組了偽「國兵」，以「收復失地」的名義，進攻祖國。直到三十四年我們抗日勝利，偽「滿洲國」才宣告死亡。

第二個故事發生於民國二十六年七七以後。日本人在華北宣傳「新民主義」，組織了偽「新民會」，建立了偽「華北政委會」，以王克敏、王揖唐、王蔭泰先後任偽「委員長」，編組偽「綏靖軍」，以「防共」名義，和抗日的國軍對抗。直到三十四年我們抗日勝利，偽「華北政委會」也宣布垮台。

第三個故事發生於民國二十九年。日本人宣傳「和運」，汪精衛信以為眞，逃出抗日陣營，成立偽「中央黨部」及偽「國民政府」，汪任偽「主席」，編組偽「中央軍」，和抗日的國軍對抗。直到三十四年我們抗日勝利，汪偽「中央」也便樹倒猢猻散了。

我們試將上述三個故事，加上毛澤東的故事，列一簡表：

年月	侵略者	所用「主義」	所編偽「黨」	所編偽「軍」	所立偽「政權」	偽首領
民八年到現在	俄國	「共產主義」	「中國共產黨」	「人民解放軍」	「中華人民共和國」	毛澤東
民廿到卅四年	日本	「王道主義」	「協和會」	「國兵」	「滿洲國」	溥儀

民廿六到卅四年	日本	「新民主義」	「新民會」	「綏靖軍」	「華北政委會」	王克敏 王揖唐 王蔭泰
民廿九到卅四年	日本	「新三民主義」	「新中國國民黨」	「中央軍」	「新中國」	汪精衛 陳公博

誰能說溥儀、王克敏、王揖唐、王蔭泰、汪精衛、陳公博不是漢奸和賣國賊？他們怎樣作了日本的傀儡？還不是因為他們信仰了日本人宣傳的「主義」，參加了日本人所辦的「黨」，主持了日本人所建的「國」？上面說過：本國人信仰了外國的「主義」，參加了外國人所辦的「黨」，則必成為外國的間諜，本國的漢奸賣國賊，是千眞萬確的。由這個表，一目了然：毛澤東是什麽東西？無所逃於十目所視，十手所指了。

毛、溥、王、汪統通都是受了侵略者「主義」的欺騙，做了敵人心理戰的俘虜，替外國人打隱體戰的。

五　我們的研判

數百年來，俄國可以說始終是一種國際海盜即國際匪首。三十多年來，他在世界各國編組匪幫，所用戰術為第一步宣傳「主義」，第二步將信仰他的「主義」的人納入偽「黨」，第三步編組偽「軍」，第四步建立偽「國」，結果這些匪幫無不「一面倒」向俄國的懷抱，奉獻出領土、人民和主權，事實上成為俄國的一省。他還有個第五步，就是由偽「國」併為俄國的一個「聯邦」，已有烏梁海、立陶宛、拉脫維亞及愛沙尼亞等四個了。如果我們不能早日反攻大陸，打垮偽「中華人民共和國」，則到了毛澤東的下一代，我們的大陸恐怕就要名實俱亡，成為俄國的一省了！

十　從波斯在希臘的第五縱隊看俄毛必敗

一　「僭主」的來源與實質

一部世界侵略陰謀史，便是一部第五縱隊活動史，我們從中國歷史上可以找出許多的事實，今天的毛澤東做俄帝的「兒皇帝」，不過是一個現成的事例。但我們知道，就是兩千五百多年前的古典希臘，也曾有同樣的「兒皇帝」即第五縱隊的史實。

古代希臘史上，在外國勢力嗾使之下，利用非法手段，奪取本國政權，實行暴力統治的人，被叫做「僭主」（Tyrant），也就是我們所說的漢奸、傀儡或第五縱隊。希臘的第一號「僭主」即「兒皇帝」，是在公元前五六〇年至五二七年之間，那個野心的「山岳黨」（Hills）的青年領袖皮西斯特拉特斯（Pisistratus）。今天的毛澤東曾利用「中國共產黨」這一套外衣，以掩飾其「兒皇帝」的本質，正如同皮西斯特拉特斯利用「山岳黨」的偽裝，進行竊國一樣。

二　古希臘「僭主」的面目

皮西斯特拉特斯原是執政官梭倫的親戚，他乘梭倫政府被國內貴族和平民均表不滿的時機，儘量鼓動平民暴動，破壞社會秩序，到處發表演說，反對貴族。因此，他終於公元前五六〇年攫取了政權，成就了希臘歷史上所有「僭主」的鼻祖。在波斯的保護與支持下，大過其「兒皇帝」的癮。

皮西斯特拉特斯統治雅典四十三年，死後將政權傳給他的兒子喜匹里（Hippias）和希伯庫斯。這些「僭主」執政後，獨斷獨行，專橫傲慢，更不把人民放在眼裏。結果便激起民變，希伯庫斯被殺，喜匹亞也亡命去國，逃往波斯。這時波斯正是大流士（Darinms）當國，這隻「東方之熊」，野心勃勃，極欲開拓疆土，於是便以小亞細亞諸愛奧連叛變爲藉口，於元前四九〇年大舉向希臘進伐。喜匹亞及其先君既已久受大流士的豢養，他又亟思復辟，便不計忠奸，鼓動波斯進攻希臘，於是波斯大軍便在喜匹亞的嚮導之下，侵入了希臘。這支大軍首先在優比亞島登陸，直攻厄立特立亞；雅典一方面派兵迎戰，一面派一名快跑家腓立比底斯（Philippides）到斯巴達去求援。腓立比底斯以四十八小時的時間，在崎嶇的曠野中跑了一百五十英里；但斯巴達的答覆却是非到月圓的時候，不能出兵。

當雅典政府正向厄立特立亞出兵抗抵波斯的時候，忽傳波斯大軍又在馬拉松（Marathon）登陸了，情勢十分危急，因爲馬拉松到雅典只不過二十英里，這使雅典的軍隊不得不捨遠救近，改向馬拉松進發。紀元前四九〇年的馬拉松戰爭，可說是歷史上具有決定性的戰役，但幸運的雅典，卻竟以一與十之比的兵力，戰勝了波斯。大流士在看到他的大軍抱頭回竄的時候，也就與世長辭了。「僭主」喜西亞，仍隨波斯軍退回波斯。

後來大流士的兒子薛西斯（Xerxes）繼承了帝國，於是一支進攻希臘的大軍又準備出發。希臘人雖然也同時在採取防禦的佈署，但其中尚有一部份城市所謂「政黨」，卻竟爲了一黨之私，而在那裡倡導歸附波斯，進行恥辱的「和平運動」，希望波斯人扶置喜西亞復辟作「僭主」。然而雅典畢竟是幸運的，因爲她有一個多才而愛國的領袖忒密斯託克利（Themistocles），他先爲雅典建立了一支有力的海軍，並與斯巴達及其他希臘國家組織了一個抵抗波斯人的希利尼同盟（Hellenic League）。可是當波斯軍進攻的戰爭中，希臘還是吃了缺乏團結的虧，而且內部又有奸細，以致釀成了戰爭中一段悲慘而英勇的插曲：在公元前四八〇年薛西斯率兵攻打希臘時，一個天險的要隘德爾瑪匹里（Thermopylac），竟因希臘奸細的指引，而爲波斯所破，這一場血戰的結果，使斯巴達全軍覆沒了。薛西斯在進入雅典後，便扶置喜西亞再爲「僭主」，並按雅典的儀式，獻祭於衞城之上。

三　「僭主」終歸倒下去了

忒密斯託克利在慘敗悲痛之餘，便勸告人民全部加入他的海軍，並將婦孺們也都護送到附近海島上，準備和敵人進行海島戰爭。後來正當波斯侵略軍在高歌痛飲的時候，忒密斯託克利便出其不意地反攻了，在薩拉密斯（Salamis）一戰，殺敗了波斯，收復了雅典；普拉（Plataea）戰役，波斯全軍覆沒，以前附庸波斯的希臘人，也都紛紛反正，「僭主」喜西亞，於傀儡登場三日後，在歷史上竟告失踪，是隨薛西斯逃出了雅典？還是葬身於亂軍之中？都無法查攷。一代「僭主」，從此冰消雲散了。至公元前四六五年，那個野心的侵略家薛西斯，也被刺宮中。從此波斯就不侵略歐洲了。

希臘「僭主」皮西斯特拉特斯，勾結波斯僭取政權的年代，正是我國春秋時代。當時晉國爲了侵略衞國，便扶置衞奸孫林父作「僭主」（公元前五八七年）；楚侵宋，也援助宋奸魚石作「僭主」（公元前五七三年）；齊侵晉，也嗾使晉奸欒盈作「僭主」（公元前五五〇年）。至喜匹亞繼承父業，於元前四九〇到四八〇年，嚮導波斯進攻祖國時，也正是曹國侵宋，利用宋奸樂大心（公元前四九九年）；晉國侵衞，利用衞奸蒯聵（公元前四九三年）的時代（均詳載「因國史」中）。東西對比，利用奸人侵略隣國，竟是四海皆同，可資浩嘆！而古西方和古東方的侵略者與奸徒們，下場都全歸一型，倏起倏滅，絕無長久，這却不能不算是教訓了。

四　古希臘與當前中國的比較

所以當我們讀到這一段古希臘歷史，實有着無限的悲憤與興奮！因爲這不祇是希臘用正義戰勝了强權，由忠貞壓倒了奸邪；而是我們的國家，今天正遭逢着和希臘當時同樣的命運，外有較大流士、薛西斯父子更兇殘的敵人俄帝魔王布加寧和赫魯雪夫，內有比皮西斯特拉特斯、喜匹亞父子更無恥的毛逆澤東和其「山岳黨」——僞「中國共產黨」，他們陰謀險毒，狼狽爲奸，用「馬列主義」來麻醉青年，欺騙群衆，曲解人類歷史，侮蔑中國文化，滅絕倫常，毀棄道德，造成一個反人性賣祖國的運動，使我億兆同胞都關進鐵幕，在全面恐怖普遍飢餓之中，呻吟痛哭，求死不能，眼睜睜地忍受殘酷的宰割：這正如同當年希臘的雅典，在波斯侵略者和奸徒的瘋狂屠殺下，人民所遭受的慘痛命運是一樣的。不過史、布、赫、毛諸魔鬼殺人滅國的手法，却是青出於藍，而更勝於藍了。毛逆澤東從「整風」以來，便在「反教條主義」大帽子下，禁止他的徒兒們「言必稱希臘」；原先我們不懂得他這話究竟是何所指？現在明白了，他正是恐懼徒兒們知道這段希臘史！

五　勝利終屬於我們

但是，歷史告訴我們，光明永遠站在眞理的一面。我們今日很幸運，和希臘一樣有一位英明的領袖　蔣總統，更有指導我們革命奮鬥的三民主義，領導我們作反共抗俄的戰鬥。目前環境雖然險惡，但馬拉松的登陸戰（所謂「解放臺灣」），敵人是始終不敢冒死嘗試，德爾瑪匹里的悲劇（如吳石等事件），也已成了過去。今後必然到來的將是我們反攻的薩拉密斯之戰了！有一天，祇要反攻的號角一響，我們便要跨過海峽，踏上大陸，用我們正義的刀槍，去掃蕩那些作惡的魔鬼，用敵人的血液來洗滌祖國的創傷。祇要我們把鐵幕一衝破，那在大陸上的忠貞之士，於吸收自由空氣和溫暖的陽光之後，便會一個個從血泊中站立起來，去找那個吃人不吐骨的現代薛西斯——史太林的僕人俄酋布加寧和現代的喜西亞——毛逆澤東算總賬！喜西亞的下場就是毛澤東的歸宿；希臘的光芒，正是我們民族生生不息的榜樣！

黎明前的黑暗是短暫的，痛苦的後面便是快樂。狂風暴雨中的中國，正遠遠地發見一道曙光。我們多麼嚮往希臘的古典文明？我們應該接受希臘的教訓，共同鼓舞。我們要承擔一切痛苦，努力衝破黑暗！我們不必跑一百五十英里的崎嶇山路去求沒有意思的援助，我們要下定決心，拿出勇氣，自力更生，團結奮鬥，俄毛終必在我們正義的旗幟之下倒下去的！

十一 我們要研究孫呂戰術思想

一 孫武的「上兵」

孫武的戰術思想超出千古，全書十三篇都不主張打硬仗。他說：「上兵伐謀；其次伐交；其次伐兵；其下攻城」。又說：「全國爲上；破國次之。全軍爲上；破軍次之」。再說：「拔人之城，而非攻也」。幾千年來盛行的「攻城戰」，都被他否定了。他主張用「上兵」去「伐謀」，用「上兵」去「伐交」，用「上兵」去奪敵人的「全國」和「全軍」。

這的確不是一宗玄想，他有他的「上兵」可用。祇要「上兵」一旦被他編組起來，便可「伐謀」，便可「伐交」，便可「全國」，便可「全軍」，而無須乎「攻城」。然則什麼叫做「上兵」？二千多年來，我們讀他的書，看不出「上兵」是什麼兵？如何編組？如何使用？其實，他曾專用一篇寫「上兵」，祇是我們未曾注意罷了。

戰史告訴我們：他之所謂「上兵」，便是第十三篇的「間」。「間」是他的「上兵」。「間」就是間諜，間諜大規模地被使用時，就是今天人人耳熟能詳的第五縱隊。他主張在敵人之內編組敵人，成爲我方之「間」——第五縱隊，在敵人之內從事地下戰——秘密戰——隱體戰（托羅斯基「看不見的戰爭」的譯文），以打破敵人的作戰計劃（「伐謀」），打破敵人的外援（「伐交」），使敵軍全部倒戈（「全軍」），使敵國成爲我方的傀儡國（「全國」）。我們仔細一讀「用間」篇，並參看世界古今的戰史，就會承認他的這一戰術思想，眞是高不可攀。祇要第五縱隊一經編組完成，展開隱體戰——地下戰——秘密戰，則我方的一切企圖（「伐謀」、「伐交」、「全軍」、「全國」），均可由第五縱隊代我完成。遠者不談，祇談民國十年到三十八年這段俄帝侵華戰史，便可一目了然。

民國十年，俄帝開始在我國編組第五縱隊（「間」），用「中國共產黨」這一名義作爲迷彩，作爲化裝，作爲隱蔽。十七年，這支第五縱隊擁有武裝，用「紅軍」這一名義作爲迷彩，作爲化裝，作爲隱蔽。二十年，這支第五縱隊已有政治機構，用「中華蘇維埃共和國」這一名義作爲迷彩，作爲化裝，作爲隱蔽。直到三十八年，這支第五縱隊打破過我們許多作戰計劃，打破過我們的國際外援，瓦解過我們若干萬的軍隊，最後竊據大陸成立「中華人民共和國」的傀儡國。史太林眞正讀懂了孫武的「用間」篇，達成了「伐謀」、「伐交」、「全軍」、「全國」的對華侵略戰。毛澤東正是俄帝的「上兵」（參看劉珍「俄帝研究」）。

二　「上兵」如何編組？

重要的問題就在這裡：「上兵」是怎樣編組起來的？毛澤東輩何以作了俄帝的「上兵」？孫武講過編組「上兵」的辦法嗎？他講過的。他寫道：

「鄉間者，因其鄉人而用之。內間者，因其官人而用之。反間者，因其敵間而用之。死間者，爲誑事於外，使吾間知之，而傳於敵。生間者，反報也」。

這寥寥五十三個字，不單爲「五間」（卽「上兵」）下了定義，而且也說明了在敵國之內編組「五間」（卽「上兵」）——第五縱隊的要領。說明要領處却祇用一個「因」字。可惜我們讀他這妙文時，都滑口而過，沒有體會出「因」字的眞義。我們祇知道「上兵」的作用，但不知怎樣來編組。

「因」，就是嫁女；「因」和姻是一個字，不當「原因」講，也不當「因爲」講。他所謂「因其鄉人而用之」，就是說，如果我們打算把敵國的老百姓編組成爲第五縱隊，我們便先嫁給這老百姓一個女人，使他成爲我們的女婿，便成爲我們的一個第五縱隊的戰鬪員了。他所謂「因其官人而用之」，就是說，如果我們打算把敵國的大小官吏編組成爲第五縱隊，我們便先嫁給這官員一個女人，使他成爲我們的女婿，便成爲我們的一個第五縱隊的戰鬪員了。他所謂「因其敵間而用之」，解法與上同。多少年來，我們不懂「因」字是姻字的古寫，以致始終不懂孫武編組「上兵」的辦法，眞是可惜得很！

但孫武以前，孫武以後，直到唐代，所有中國兵家還都懂得。在孫武以前，我們可以査出四十多個史實，證明用嫁女的方法可以把敵國的「官人」編成「上兵」（參看「因國史」便很容易明白）。孫武以後，漢高祖和項伯「約爲婚姻」（史記語），於是項伯「伐」了項羽的灞上作戰之「謀」，最後把項羽送到垓下（詳史記項羽本紀）。漢高祖嫁女匈奴，以後西漢、東漢不斷和單于「和親」，如有名的昭君出塞，都已發生「全國」的作用。唐代文成公主下嫁西藏，也是爲了「全國」。近代日本人也懂得這個方法，把川島芳子嫁給甘珠爾札佈，甘珠爾札佈便被川島浪速編成「蒙古獨立軍」，替日本人進攻自己的祖國——中國。

孫武所講的「因」，後來演變成爲「給」，「給女人」，「給爵祿」，「給百金」，都解作「因」。孫武主張先「給」敵國「鄉人」、「官人」或「敵間」一個「女人」，然後再「給」他「百金」和「爵祿」（「用間」篇：「愛爵祿、百金，不仁之至也」），他作了女婿，有了錢，又有了官，當然就逃不出作「上兵」的圈套了。這方法一直使用了二千多年，到了近三百年來，西洋兵學家又增補了「給宗教」，「給教育」，和「給主義」三個辦法。「給宗教」，始於拿破侖，他用天主教拿下歐洲許多「全國」。「給教育」始於東印度公司，英國人用它「全」部奴役了印度「國」。第三個「給主義」是已故魔王史太林發明的，他把「共產主義」「給」了毛澤東，然後再「給百金」，「給爵祿」（爲「主席」），「給教育」（留俄），於是毛澤東輩便成爲俄帝的「上兵」——第五縱隊，替俄帝忠實地執行侵華「伐謀」、「伐交」、「全軍」、「全國」的任務，而自認是爲「共產主義」而「革命」。這是最毒辣的一種辦法了。

三　呂不韋的「因戰」

孫武的戰術思想——「因」，二百後後，傳給了秦國的呂不韋，他寫出了一部二十餘萬字的呂氏春秋，並創造了「因戰」一個名詞。呂氏春秋、愼大覽、貴因篇：

「武王以甲子至殷郊；殷已先陳矣。至殷，因戰，大克之」。

這段古文若譯成語體，是：

「周武王在甲子這一天率兵到達殷國的城外；殷國的兵已經先期把陣形佈置好了。武王到了殷國，因戰，大大地打敗了紂王」。

文裡的「因戰」兩字，不能翻譯。這兩字是孫武以來兵學上的專名詞，經呂不韋寫在書上的。

那麼什麼叫做「因戰」？貴因篇用「貴因」二字名篇，就是重視「因戰」的意思。上邊寫道：

「三代所寶莫如因。因則無敵。武以千乘制商，因民之欲也。因其所用，何敵之有矣？人爲人之所欲，己爲人之所惡，先陳何益？適令武王不耕而穫。故因則功，因者無敵」。

文裡的「因」字，和孫武的「因」字，同是專名詞，不是「原因」的「因」，也不是「因爲」的「因」。呂不韋在孫武專名詞的「因」字之下加一「戰」字，成爲「因戰」，也成爲專名詞。這個專名詞，代表着心理戰、總體戰的意義。

「因戰」是心理戰。我們可用孟子講評武王伐紂之役——即呂不韋所謂「因戰」——的言辭，證明「因戰」是心理戰。孟子盡心篇說：

「武王之伐殷也，革車三百乘，虎賁三千人。王曰：『無畏！寧爾也！非敵百姓也』！若崩厥角稽首。征之爲言，正也。各欲正己也，焉用戰」？

梁惠王篇：

「賊仁者謂之『賊』，賊義者謂之『殘』：『殘賊』之人，謂之『一夫』。聞誅『一夫』紂矣；未聞弑君也」。

又：

「取之而燕民悅，則取之。——古人有行之者，武王是也」。

離婁篇：

「三代之得天下也，以仁；其失天下也，以不仁。國之所以存廢興亡者亦然。天子不仁，不保四海；諸侯不仁，不保社稷；卿大夫不仁，不保宗廟；士庶人不仁，不保四體。今惡死亡而樂不仁，是猶惡醉而强酒」。

又：

「紂之失天下也，失其民也。失其民者，失其心也。得天下有道：得其民，斯得天下矣。得其民有道：得其心，斯得民矣。民之歸仁也，猶水之就下，獸之走壙也。故爲武敺民者，紂也」。

我們綜括孟子對於這一戰役的講評，是說：在武王方面，先取得殷朝的民心；在紂王方面，失去了本國的民心，也就是說武王「得天下以仁」，紂王「失天下以不仁」。不仁則失民心；仁則得民心。可見孟子的意見和呂氏春秋相同。武王「因民之欲」；武王成爲殷「人之所欲」；紂王成爲殷「人之所惡」（即「一夫」）。周勝殷敗的基本原因在於仁與不仁。——殷國的人民向武王輸誠，八百諸侯，十萬官兵，投降的投降，倒戈的倒戈，「衆畔親離」，才使武王打了勝仗；這便是呂不韋的所謂「因戰」——「因民之欲」之戰，由孟子的話，得到證明。

說「因戰」是心理戰，還可以從文王和紂王爭取人心的史實上求證。文王是武王之父，係紂王的諸侯之一。他曾被紂王囚在羑里。據史記說，那時的紂王已經是很暴虐了，設炮烙之刑。其後紂王釋放了文王，並封爲西伯。但文王辭謝了這封爵，而請紂王廢除炮烙，所以爭取了殷國官民的人心。這就是一種心理戰。當文王死後，武王伐紂，便捧文王「木主」（今謂「祖先牌位」）以行，這正是心理戰的繼續。

四　「因戰」的本格戰

上節我們用孟子來證呂氏春秋，說明「因戰」是心理戰，這種「因戰」可以爭取敵人全部的人心，這是再淸晰確實不過了。但我們還找出一個深一層的證據，證明「因戰」除了是心理戰之外，而且是一種地下戰——間諜戰——秘密戰——隱體戰——第五縱隊戰。這才是呂氏「因戰」的本格戰。現在我們來求證。——呂氏春秋、季冬紀、誠廉篇：

「武王使叔旦就膠鬲於四內，而與之盟曰：『加富三等，就官一列』。爲三書，同辭，血之以牲，埋一於四內，皆以一歸」。

膠鬲在紂王左右的地位非常重要，從政治方面言，他類似國務總理，從軍事方面言，他類似參謀總長。以膠鬲的地位，却私自和周公旦簽訂了密約（所謂「盟」），接受周國「加富三等，就官一列」，即取得現在的三倍財富，頭等的官爵，內面投降了武王。這樣膠鬲豈不是成爲周國的「上兵」即第五縱隊了？用孫武的話，這正是「因其官人而用之」。

其次，我們從尙書的微子篇曾經看到，紂王的長兄微子啓，時常發紂王的牢騷；從易經「內難而無失其志，箕子以之」的史縫裏，看到武王伐紂之前，殷國貴族之間曾有「內難」即內亂，內亂結果，見於孔子的論語是「微子去之，箕子爲之奴，比干諫而死」，即微子靠攏到周國去，箕子入了集中營，比干上了斷頭台。但我們不明白微子爲什麼發牢騷？也不知道他爲什麼向周國跑？查呂氏春秋、仲冬紀、當務篇，却紀錄下這段內幕：

「紂之同母三人：其長曰微子啓；其次曰中衍；其次曰受——受乃紂也——甚少矣。

「紂母之生微子啓與中衍也，尙爲妾；已而爲妻，而後生紂。

「紂之父紂之母欲置微子啓以爲太子；太史據法而爭之曰：『有妻之子，而不可置妾之子』。紂故爲後」。

這說明了微子啓由於自己當不成太子也就當不成皇帝，所以才反對紂王。周武王把握着這一弱點，於是展開隱體戰，拉攏微子啓。呂氏春秋、季冬紀、誠廉篇記得明白：

「武王使保召公就微子啓於共頭之下，而與之盟曰：『世爲長侯，守殷常祀；相奉桑林；宜私孟諸』。爲三書，同辭，血之以牲，埋一於共頭之下，皆以一歸」。

紂王的長兄也私自和召公奭簽訂了密約，接受周國「世爲長侯，守殷常祀；相奉桑林；宜私孟諸」的條件，即輩輩作長門（不管是否「妾之子」），接續殷廟的香烟；可以用「桑林」樂伴奏；孟諸一城作爲微子的采邑，而暗地投降了武王。這樣微子啓不是也成了殷奸，即周國的「上兵」了麽？

呂氏春秋上保存的這些史料，正是孫武「因其官人而用之」的註脚。我們看：殷紂的「官人」膠鬲和微子啓都變成周武王的第五縱隊，則殷國的軍政秘密，已不成爲秘密，殷國的軍隊實際由武王來指揮了：所以結果是「前途倒戈」，周兵大勝。這正是「因戰」即地下戰——間諜戰——秘密戰——隱體戰的正確說明。

五　研究孫呂戰術思想

孫武祇講「因」；到呂不韋則創造出「因戰」一詞，並舉出若干戰史。今天我們爲明瞭俄帝侵華的戰術如何？毛澤東怎樣上了賊船？以及我們現在應如何「卽以其人之道，還治其人之身」？固必須研究孫武和呂不韋的戰術思想。尤以在大陸上毛澤東暴過殷紂，全部人心傾向自由中國的反攻前夕，我們更須加强「因戰」（隱體戰），運用「因戰」的方法，亦卽我們革命「以少勝多」的方法，使當前雖然在有形力量上比我們强大的敵人，迅速「前途倒戈」，來完成我們復國建國的艱鉅使命。

十二　結論

本書第一篇寫於三十七年，載瀋陽和平日報，收入同年底出版的拙著「開始第二抗戰」一書中，三十八年再刊於臺灣中央日報。第二篇係三十九年在鳳山第四軍官訓練班的講演，次年刊於兵略月刊（陳祖耀上尉筆記）。第三篇四十四年刊於戰鬪月刊。第四篇三十八年講於鳳山，三十九年刊於國魂半月刊（陳祖耀上尉筆記）。第五篇三十九年講於軍校，四十三年載在戰鬪月刊（易陶天上尉筆記）。第六篇刊在四十三年的戰鬪月刊。第七篇刊在四十四年的「從防衛金馬到反攻大陸」專刊上。第八篇刊於四十三年的戰鬪月刊。第九篇刊於四十四年的戰鬪月刊。第十篇三十八年講於鳳山，刊於三十九年的精忠報（陳祖耀上尉筆記）。第十一篇載在四十三年的戰鬪月刊。這次經張超群中校合編成爲這本小册子，除了將原文有關時間的字句，依今年出版時間，稍加修訂以外，內容未作重大的補改。

這十一篇文章雖是八年中（三十七年到四十四年）斷斷續續寫成的；但它們却共同闡明一個戰術即隱體戰（「看不見的戰爭」）。三十七年，中樞頒佈總體戰法規；我當時服役東北行轅，參與東北地區實施設計，爲了「用隱體戰配合總體戰」，遂譯定此名，陸續研究。至四十年看到「革命與反革命」一書，始知「看不見的戰爭」已在十七年譯爲「隱身戰」了。

現在把這本小册子裡的重要涵義，擇錄原文，列舉於下，作爲結論。

一　本書擇要

甲、何謂隱體戰？——「隱體戰係『看不見的戰爭』（『看不見的演習』『看不見的攻擊』）一詞的中譯。在一九一七年俄國『十月革命』時，托羅斯基曾經使用『看不見的戰爭』推倒克倫斯基政府。民國十七年，某君譯之爲『隱身戰』。一九三九年，佛朗哥攻略馬德里時，名其執行隱體戰的部隊爲『第五縱隊』。」（二十八頁）

「隱體戰的要領：第一、隱體戰的『體』（『衝鋒隊』）必須由有信仰、有士氣、有技術的同志組織而成，而且必須經過『演習』，絕不容用烏合而無訓練的官兵；第二、這個『體』必須精密地『隱』起來，不但對敵人『隱』，便對上級也須『隱』，托羅斯基在戰果未現之前，連列寧也未曾報告過；第三、用隱體戰打擊不懂隱體戰的敵人，其敵人絕不能防禦。」（三十六頁）

「這種隱體戰戰術，由俄國受訓學生普及了全世界，一九一八年以後的所謂各國『共產黨』，就實質上說統通是俄國的『衝鋒隊』（第五縱隊）。他們『隱』在『共產黨』的化裝之下，後來漸漸『隱』在政府官吏、『職業學生』以及『民盟』的化裝之下，在我們內部『演習』了近三十年，等待主子命令一下，他們便奪取了整個的大陸。我們可以肯定地說：俄帝亡華，祇實施了一場隱體戰而已。」（三十六頁）

「隱體戰，在中外歷史上實不勝枚舉。在近代，俄國人都懂得隱體戰，三十餘年以來他們也正用這種戰術征服世界。他們隱體戰的統帥部是隱藏在『第三國際』及『歐洲情報局』、『亞洲情報局』美名之下；他們隱體戰的『體』（第五縱隊）隱藏在『共產黨』美名之下；他們隱體戰戰術隱藏在『唯物辯證法』這一『哲學』美名之下；第五縱隊首領隱藏在『主席』的美名之下（例如毛澤東為偽『人民共和國主席』）；隱體戰的目的（侵略世界）隱藏在『民族解放』及『世界革命』美名之下；隱體戰的政治號召也隱藏在『共產主義』美名之下。」（三十三頁）

「偽『中華人民解放軍』攻擊國民革命軍，表面上看，不是中國人打中國人麼？若向內面看即透過『隱』處，看其本『體』，正是俄帝使用隱體戰，藏在偽『中華人民解放軍』的背後，『激動』他們來打國民革命軍。」（四十九頁）

乙、何謂第五縱隊？──「三十八年四月二十七日， 總統發表『告全國同胞書』，說：『中共是國際第五縱隊』！並在同一文告中昭示我們說：『剿滅共產國際的第五縱隊──共匪，策進中華民族的復興』！同年十月九日， 總統又發表『為俄國導演北平傀儡組織告全國同胞書』，說：『中共為莫斯科共產國際的間諜，不是中國國內的政黨』。（二頁）

「領袖這些訓示，具體地告訴我們：所謂『中國共產黨』，並不是中國國內的政黨，所謂『人民解放軍』，也不是中國國內的軍隊；他們實是俄國在我國就地編組的『第五縱隊』，受莫斯科指揮來幹間諜工作（情報、游擊、破壞、賣國）的。換句話說：朱毛一帮人乃是受俄國（『第三國際』）指揮的『國際匪帮』。不是土匪，而是俄匪。第五縱隊是西班牙國民軍在首都馬德里內部秘密編組的情報、游擊、破壞部隊，其後成爲一個專用名詞，凡在敵人內部編組情報、游擊、破壞、賣國部隊，都名之爲第五縱隊。俄國人在我們中國之內編組朱毛這枝武力，是要求他們在中國之內替俄國作情報、打游擊、幹破壞，最後出賣中國的，所以　領袖名他們爲第五縱隊，是再正確也沒有的名詞了。第五縱隊又名『國際匪帮』。」（五十五頁）

「戰史告訴我們：『間』就是間諜，間諜大規模地被使用時，就是今天人人耳熟能詳的第五縱隊。在敵人之內編組敵人，成爲我方之『間』——第五縱隊，在敵人之內從事地下戰——秘密戰——隱體戰，以打破敵人的作戰計劃（『伐謀』），打破敵人的外援（『伐交』），使敵軍全部倒戈（『全軍』），使敵國成爲我方的傀儡國（『全國』）。衹要第五縱隊一經編組完成，展開隱體戰——地下戰——秘密戰，則我方的一切企圖（『伐謀』、『伐交』、『全軍』、『全國』），均可由第五縱隊代我完成。」（六十五頁）

「民國十年，俄帝開始在我國編組第五縱隊（『間』），用『中國共產黨』這一名義作爲迷彩，作爲化裝，作爲隱蔽。十七年，這支第五縱隊擁有武裝，用『紅軍』這一名義作爲迷彩，作爲化裝，作爲隱蔽。二十年，這支第五縱隊已有政治機構，用『中華蘇維埃共和國』這一名義作爲迷彩，作爲化裝，作爲隱蔽。直到三十八年，這支第五縱隊打破過我們許多作戰計劃，打破過我們國際外援，瓦解過我們若干萬的軍隊，最後竊據大陸成立『中華人民共和國』的傀儡國。史太林眞正達成了『伐謀』、『伐交』、『全軍』、『全國』的對華侵略戰。」（六十五頁）

「史太林式的第五縱隊戰術，概括來說，有六個步驟：第一步、是組織被侵略國國內的『鄉人』和『官人』成爲蘇俄的間諜——『鄉間』和『內間』，喊他們爲『革命黨』或『政黨』，實際使他們在祖國——被侵略國之內從事偵查工作（情報）；第二步、是令這些間諜——『鄉間』和『內間』，在被侵略國之內，兼事宣傳工作，藉口組織『革命黨』或『政黨』，擴大偵查宣傳網或『議會鬪爭』；第三步、是資助金錢槍械，編組『鄉間』和『內間』成爲『人民解放軍』，武裝暴動，作游擊戰；第四步、這種『革命黨』和『人民解放軍』佔領地盤，成立『國家內的國家』（詞見 總統所著『中國之命運』），或組閣或成立『聯合政府』，對被侵略國的中央『獨立』或控制中央；第五步、各被侵略國的第五縱隊『統一』了他的祖國，投入蘇俄所組織的『鐵幕』；第六步、蘇聯吞併了『鐵幕』國家，組織『聯邦』帝國。立在被侵略國的民族立場來看，這一套戲法，當然是僞黨、僞軍、僞國家；這一批人物，當然是間諜、漢奸、傀儡。然而從軍事學及諜報勤務的觀點來說，這一套也便是第五縱隊戰術了。這是最近代最典型的型式，也可以說是蘇聯型。」（六頁）

內、毛逆何以甘心作赤色第五縱隊？何以甘心爲俄帝打隱體戰？——「史太林爲了貫澈俄國侵略政策，爭取外國向俄國『一面倒』而成爲衞星國，便發明俄式『心理作戰』：使用『馬克斯主義』及『列寧主義』，即所謂『馬列主義』，並配合『美色』、『爵祿』、『百金』、『教育』，以瓦解敵人之意志，摧毀敵人之觀念，改變敵人的認識與決心。這事始於一九二四年。」（四十四頁）

「茲舉毛逆澤東爲例。俄國先對毛逆宣傳『馬列主義』，同時給予大批『百金』及僞『中華蘇維埃共和國主席』的『爵祿』，並召他到莫斯科受訓即『教育』。這『主義』加『百金』、『爵祿』、『教育』共四種工具，便改變了毛逆的認識與決心，他認俄國爲『祖國』，不抗俄而親俄，決心向俄國『一面倒』。」（四十三頁）

「被俄國『主義』『騙』服了的人民或集團，以推翻本國合法政府爲『革命』，以『殺人』、『放火』、『清算』、『鬪爭』、消耗本國國力有利俄國爲『革命』，以『一面倒』爲實踐了『世界革命』，以代替俄國火中取栗——『窺歐』、『反美』、『援朝』、『犯越』爲『世界革命』。明明是把本國人民奴役起來爲俄國效力，明明是把本國主權、七地、資源奉送給俄國利用，而他們自己還以爲這是『解放人民』的『革命』！你說這事怪不怪？——不怪！誰信仰了俄國的『主義』，誰便一定這樣，誰便作了俄式『心理作戰』的俘虜。」（四十一頁）

「朱毛信仰了俄國宣傳的『共產主義』，加入了俄國組織的僞『中國共產黨』，他們的靈魂和肉體便不自知不自覺地落入了俄國人的掌握。俄國人叫朱毛送情報，說這是『革命』；叫朱毛打游擊，說這是『革命』；叫朱毛破壞政府、破壞交通、破壞金融、殺人、放火、淸算、鬬爭，說這是『革命』；叫朱毛內應俄軍、奪取大陸、奉獻主權、割讓領土、供給物資、徵發奴隸、『抗美援朝』……也說這是『革命』。如果不『革命』就是『反革命』，俄國人便要殺他們的腦袋了。這樣，朱毛便作了俄國人侵略的工具。毛澤東便是如此這般地做了『國際匪』。作了『國際匪』必向俄國送情報，故　領袖指明他們是『莫斯科的間諜』；作了『國際匪』必替俄國打游擊，破壞本國的政府，所以他們是漢奸；作了『國際匪』必向俄國『一面倒』，所以他們是賣國賊。」（五十七——五十八頁）

「從俄式『心理作戰』史上看，『馬列主義』在瓦解敵人的意志，摧毀敵人的觀念上的作用，是極爲顯著而易見的。毛澤東、金日成、胡志明……等逆何以『一面倒』向俄國？純粹因爲他們的心被俄國人爭取去了。若干學者包括原子彈專家博士，若干政治家，若干青年，若干窮人乃至富人，何以不愛自己的祖國而甘心爲俄國効命？我們倘對這問題稍用思考，便知他們之所以走入歧途，資敵賣國，成爲千古罪人，民族敗類，確是由於『馬列主義』改變了他們的認識與決心，『騙』上了賊船。」（四十三頁）

二　我們的對策

甲、闡揚訓示——　總統在「中國之命運」一書裡，說明「中共」是「俄國特務」，至三十八年正式宣佈「中共是國際第五縱隊，不是中國國內的改黨」，這訓示是有血有淚而千眞萬確的。可惜我們未能透澈發揮這一訓示，使之家喩戶曉，以提高士氣，激勵民心。今後我們必須切實遵照訓示，闡明之，發揚之，勿再誤認他們爲「政黨」或「革命黨」，也萬萬不可再說「共產主義」是「主義」了。陸校教官劉珍先生所著「俄帝研究」和「共匪禍國史實」（中央文物供應社版），乃根據　總統這一訓示及史實所寫，特爲鄭重介紹。

乙、精讀戰史——「今天，我們必須精讀戰史。如果讀熟了戰史，懂得隱體戰這一套詭計，我們進行反共抗俄

便易成功。」（三十三頁）

丙、揭破秘密——「今天我們爲拯救世界人類，必須向世界人士揭破俄匪這種秘密，以警醒友邦。尤其當我們今日正處於保衞臺澎金馬，反攻大陸之際，更必須先懂這種俄式『心理作戰』的秘密，以堅定我軍的意志，提高我軍的鬭志；一方向逆帮揭示這個秘密，以改正他們的錯誤認識，喚起他們的民族意識。」（四十八頁）

丁、教育戰士——「今後，每一位官佐戰士，一聽到毛匪、共匪、匪軍字樣，我們心裡一定要明白這種匪不是土匪的匪，而是『國際匪帮』的匪。這一點非常重要，因爲我們如果明白他們是『國際匪帮』，則我們打他們，便是爲國家而戰，爲民族而戰，爲生存而戰，爲文化而戰；我們打他們是救國對賣國之戰，救民對殃民之戰；若我們單單以爲他們是土匪，則這是內戰了。打內戰，不能提高士氣。這一點我們黨政軍人員都要明白，而且要告訴群衆的，尤其我各級帶兵官，必須把這一點詳細向戰士說明。」（五十五——五十六頁）

戊、攻防兼施——「隱體戰，讓托羅斯基奪取了克倫斯基的國家；又讓孟進斯基防護了史太林的國家。這兩種經驗，我們都研究過了。我們要應用托的經驗來收復大陸；同時要用孟的經驗來防守臺澎金馬。我們的隱體部隊必須加强。同時將來我們作戰，我們每人最低限度要會把手槍打得準準的，手榴彈拋得遠遠的，會馬上破壞一個機關車一個馬達。總之，人人要學得隱體戰鬪的技術。對於政治戰鬪，我們也要走向技術化一途，每人都要有潛入第五縱隊，拆散第五縱隊，組織『細胞』，搜索情報的技術……以超敵人的隱體戰術去擊敗敵人。」（四十頁）

「我們現在應如何『即以其人之道，還治其人之身』？固必須研究孫武和呂不韋的戰術思想。尤以在大陸上毛澤東暴過殷紂，全部人心傾向自由中國的反攻前夕，我們更須加强『因戰』（隱體戰），運用『因戰』的方法，亦即我們革命『以少勝多』的方法，使當前雖然在有形力量上比我們强大的敵人，迅速『前途倒戈』，來完成我們復國建國的艱鉅使命。（參看「心理戰與情報戰」）」（七十頁）

陸軍總司令部審定
薇堂全集卷十六：俄國的侵略戰術
著作者：趙尺子
出版者：好書出版社
定價：新臺幣四元
中華民國四十五年五月出版
〇〇〇一——四六〇〇